Pierre Bonte

« C'était
le bon temps ! »

La bande du Petit Rapporteur

Albin Michel

À Jacques Martin

1

L'émission-culte

Il était huit heures moins dix quand j'ai reçu le premier coup de fil. C'était un journaliste de RTL. Il m'annonçait avec ménagement que, selon une information officieuse, Jacques Martin serait décédé dans la nuit. « Nous vérifions. Si la nouvelle se confirme, malheureusement, est-ce que je peux vous rappeler pour que vous disiez quelques mots sur votre ami ? »

J'avais à peine raccroché que le téléphone sonnait à nouveau :

« C'est Europe 1. L'agence France Presse vient d'annoncer la mort de Jacques Martin. Vous pouvez rester en ligne ? Nous aimerions vous interviewer en direct dans le journal de huit heures.

– Oui, oui, bien sûr », répondis-je. Mais que dire en de pareils moments ?

J'étais profondément triste, mais pas vraiment surpris. Le véritable choc, je l'avais eu un mois auparavant. Troublé par une sorte de pressentiment, j'avais subitement décidé d'aller voir Jacques à l'hôtel du Palais à

Biarritz, où il était venu se réfugier après sa séparation d'avec Céline, sa dernière compagne. En le découvrant dans son fauteuil roulant, le corps amaigri par la maladie, le visage émacié et le regard fixe, j'avais difficilement retenu mes larmes. Il ne parlait pratiquement plus mais il avait fait comprendre à son infirmière qu'il souhaitait que je reste déjeuner avec lui et avec David, son fils aîné, venu lui rendre visite. Il faisait beau. Nous nous sommes installés au bord de la piscine, où s'ébattaient ses deux derniers enfants, Clovis et Juliette, en compagnie de leur nounou. Autour de lui, nous affichions tous un air enjoué pour ne pas gâcher ces moments précieux et apparemment heureux. Mais il n'a pas touché à son assiette. Il semblait déjà très loin de nous. En le quittant, ce jour-là, je savais que je l'embrassais pour la dernière fois.

Au moment d'intervenir à l'antenne, pourtant, je préférai ne pas évoquer ces images douloureuses qui me hantaient, pour ne rappeler que les plus beaux souvenirs de notre longue amitié.

L'émotion populaire

Dès lors, les appels allaient se succéder sans répit. Radios, télés, quotidiens, magazines, tous les médias francophones voulaient leur part de témoignage. Je faisais l'expérience de ce qu'on nomme le « tourbillon médiatique » et prenais conscience, surtout, de l'émotion considérable que suscitait la disparition de Jacques.

Car dans toutes les rédactions, ce vendredi 14 septembre 2007, c'était le même branle-bas de combat pour tenter de joindre les autres équipiers du *Petit Rapporteur*. Des liaisons directes furent établies avec Ibiza, où Stéphane Collaro se trouvait en vacances, avec La Rochelle, où Daniel Prévost était l'invité d'un festival de télévision, avec la Touraine, où réside Piem. Spontanément, pour rendre hommage à Jacques, la presse se tournait en priorité vers ceux qui avaient été ses compagnons dans une période très courte de sa vie professionnelle, puisque l'émission n'a duré que dix-huit mois, de janvier 1975 à juin 1976, mais dont le souvenir est resté étonnamment vivant.

C'était le bon temps !

C'est l'émission qu'il avait pris le plus de plaisir à faire, comme il l'a souvent dit, et la seule dont il ait gardé jusqu'au bout la nostalgie. Je m'en suis encore aperçu à Biarritz, à ma dernière visite. J'avais apporté une série de photos que je venais de retrouver, où nous apparaissions tous en tricot de corps, dans l'une de ces situations drolatiques qu'il aimait créer sur le plateau. Je les lui ai montrées à la fin du déjeuner, et en les voyant, son visage s'est soudain illuminé. Il a esquissé un sourire et il a péniblement articulé : « C'était le bon temps... » C'est le seul moment de la journée où il est sorti de son accablement. Le directeur de l'hôtel, Jean-Louis Leimbacher, qui était à table avec nous, me dira plus tard que c'est la dernière fois qu'il l'a vu heureux.

Avec *L'École des fans*, *Le Petit Rapporteur* est aussi l'émission de Jacques qui a connu le plus grand succès populaire. À l'époque, le dimanche, à 13 h 20, les Français n'avaient le choix qu'entre deux chaînes, mais quinze millions de foyers étaient déjà équipés d'un récepteur de télévision, ce qui a permis au *Petit Rapporteur* d'atteindre des sommets d'audience : un sondage réalisé en février 1976* donne le chiffre astronomique – et jamais égalé – de vingt-huit millions de téléspectateurs !

Toutes les générations étaient réunies devant le petit écran, à l'heure du repas dominical, pour regarder ce journal insolite et insolent qui faisait passer un souffle nouveau sur la télé post-gaullienne. Le poste trônait dans la cuisine, sur le buffet. On découpait le gigot à l'ail ou le rôti en regardant une bande de gars drôlement sympas s'en prendre allégrement à toutes les formes de pouvoir. Papa se marrait, maman voulait changer de chaîne, quelquefois, outrée par tant d'impertinence. Ou l'inverse... « Non, non ! », sup-

---

* Pour le magazine *Télé 7 jours*.

pliait le reste de la famille. L'engouement était tel qu'un curé breton, dit-on, accepta de modifier l'heure de la messe pour que ses ouailles ne manquent pas le début de l'émission !

Dans les années suivantes, la nostalgie aidant, la rediffusion fréquente de nombreux extraits a hissé *Le Petit Rapporteur* au rang d'émission culte, qui fait désormais partie de notre mémoire collective.

L'émotion ne se mesure pas en chiffres. J'ai tout de même été frappé d'apprendre que, sur la page interactive d'Orange, l'annonce de la mort de Jacques avait suscité plus de mille cinq cents réactions d'internautes, ce qui constitue un record absolu. Jamais, depuis la création du site, une information n'avait généré autant de messages spontanés. Chacun exprimait la peine causée par sa disparition, et la majorité évoquait avec gratitude le souvenir du *Petit Rapporteur*, indissolublement lié au sien.

Quelques mois avant qu'il ne nous quitte, j'avais reçu une autre preuve de cet attachement et de cette reconnaissance du public. Cela se passait à Montcuq (Lot), où M. le maire m'avait invité à venir inaugurer la rue du Petit-Rapporteur, la première en France à porter le nom d'une émission de télévision.

2

Bons baisers de Montcuq

Les vingt-huit millions de téléspectateurs du *Petit Rapporteur* étaient habitués aux audaces de Daniel Prévost, mais quand, le dimanche 18 janvier 1976, ils l'entendirent annoncer le plus sérieusement du monde et en gros plan : « Aujourd'hui, pour la première fois à la télévision, je vais vous montrer mon cul ! », ils n'en crurent pas leurs oreilles. Comme pour tenir parole, il commença alors à se retourner, tandis que la caméra descendait lentement le long de son dos... et découvrait au loin, en contrebas, le paisible village de Montcuq, aux maisons rassemblées au pied de sa tour du XIIᵉ siècle.

Ainsi commença, pour ce chef-lieu de canton du Lot, une incroyable aventure, qui allait transformer sa vie et qui demeure pour moi la plus éclatante démonstration du fabuleux impact qu'a eu notre émission dominicale.

Sur le moment, il faut bien le dire, les habitants de Montcuq n'avaient pas vraiment apprécié la manière dont Daniel Prévost les avait traités. Ils étaient accoutumés aux plaisanteries sur le nom de leur commune, dont les étrangers prenaient un malin plaisir à ignorer la lettre finale, mais justement, ils ne cessaient de les corriger en rappelant que, dans Montcuq, il faut prononcer le « q »… « Vous dites un coq, pas un co… Eh bien, c'est pareil ! » répétaient-ils. Et voilà que leurs patients efforts se trouvaient anéantis par une cascade de questions à double sens, débitées devant un maire qui semblait juger normale la prononciation adoptée par l'ami Daniel.

J'en cite quelques-unes, pour mémoire :

« J'ai l'impression que Montcuq est très étroit. Est-ce que Montcuq est bouché quelquefois ?

— Est-ce que vous avez sondé Montcuq ? Est-ce que vous avez pris sa température, à l'approche des élections ?

— Vous êtes desservis par un autocar, m'a-t-on dit, mais je n'ai pas vu l'arrêt de Montcuq…

— Quelles sont les spécialités de Montcuq ? Montélimar, c'est le nougat, et Montcuq, c'est du poulet ? »

Ajoutez-y les allusions au poêle de Montcuq (celui de la mairie) et à l'air pur que l'on respire dans Montcuq, et vous comprendrez que certains Montcuquois aient pu considérer que c'en était trop !

Montcuq sur la commode

Leur sentiment a commencé à changer le week-end suivant, en voyant affluer les touristes qui leur parlaient tous, la mine réjouie, du fameux reportage. Ils avaient reproché au maire de s'être prêté trop complaisamment au petit jeu des questions équivoques, mais celui-ci pouvait leur montrer les sacs de lettres enthousiastes (six cents la première semaine !) qu'il ne cessait de recevoir. Car la caméra, en parcourant les vieilles rues de Montcuq pour suivre la promenade de Daniel Prévost et du maire, avait aussi révélé aux téléspectateurs les charmes de ce gros bourg médiéval perché sur une colline du Quercy blanc.

J'ajoute que, à la fin du reportage, pour se faire pardonner, Daniel s'était mué en porte-parole du syndicat d'initiative. Il avait vivement incité les téléspectateurs à choisir Montcuq pour leurs vacances, et avait ostensiblement placé le dépliant touristique de la commune sur une commode... Montcuq sur la commode, il ne pouvait pas rater ce dernier jeu de mots.

Si la plupart des visiteurs s'offraient simplement le plaisir d'envoyer aux copains une carte postale chargée de « bons baisers de Montcuq », d'autres s'attardaient pour dénicher une location d'été ou une maison à acheter. Elles ne manquaient pas, à l'époque, dans ce village isolé qui avait subi l'exode rural des années soixante et

17

dont la population était tombée, en un demi-siècle, de mille huit cent soixante à mille deux cent vingt habitants.

Aujourd'hui, vous n'y trouverez plus la moindre ruine à vendre. Toutes les maisons ont été restaurées et la population a augmenté de 30 %. Sans compter les soixante-seize étrangers (des Britanniques pour la plupart) qui ont investi le village, et qui se sont très bien intégrés, du reste. Au point que, désormais, sur le marché, on entend davantage parler l'anglais que le patois.

« Pour Montcuq, il y a eu l'avant et l'après *Petit Rapporteur* », affirme le maire actuel, Daniel Maury. C'est pourquoi il a tenu à donner le nom de l'émission à la plus belle rue de la commune, l'ancienne rue de la mairie.

Rue du Petit-Rapporteur

L'inauguration a eu lieu le dimanche 6 avril 2007, dans la meilleure tradition des fêtes villageoises. Il y avait la fanfare, les enfants des écoles qui ont chanté *Mam'zelle Angèle*, M. le maire avec son écharpe, et la cérémonie s'est terminée, dans une ambiance de 14 juillet, par un vin d'honneur offert à la population sur la place de la mairie.

« Chacun ici, a notamment déclaré M. le maire, se rappelle cette émission de Jacques Martin qui a fait rire la France entière. Nous voulons par ce geste symbolique remercier l'équipe du *Petit Rapporteur* d'avoir fait de Montcuq une cité touristique, où les visiteurs continuent de venir en grand nombre car les fréquentes rediffusions du reportage de Daniel Prévost sont autant de spots promotionnels pour notre commune. »

En l'absence de Jacques, déjà très affaibli, et de Daniel, qui venait de perdre son épouse, c'est à moi qu'est revenu l'honneur de dévoiler la plaque et de répondre au discours du maire. Cela m'a permis de rendre hommage à un habitant de la commune, Simon Kantin, par qui tout est arrivé. Il m'avait écrit en 1975 pour me signaler que le conseil municipal venait de démissionner à la suite d'une querelle digne de Clochemerle puisque la campagne d'un candidat tournait autour d'une pissotière… J'avais alors soumis le sujet à notre conférence de rédaction du lundi et proposé de me rendre sur place. Mais Jacques, qui imaginait déjà tous les jeux de mots qu'on pourrait faire avec Montcuq – il en riait d'avance –, avait jugé que Daniel Prévost, plus « culotté » que moi, s'en sortirait mieux. Et c'est donc lui, finalement, qu'il dépêcha dans la jolie cité lotoise. Sur le moment, j'avais été un peu vexé, mais je reconnais qu'il avait une fois de plus démontré, en l'occurrence, ses qualités de rédacteur en chef.

Yves Métreau, le marchand de journaux de Montcuq, est l'un des commerçants qui ont le plus directement profité du « boom » touristique généré par le reportage de Daniel. Il a vu bondir son chiffre de vente de cartes postales, les plus prisées par les visiteurs étant les cartes dites humoristiques du genre « Le bonheur est dans Montcuq », « Découvrez l'arrêt de Montcuq », « Ne reste pas dans ton trou, viens visiter Montcuq », et j'en passe.

« Cela relève du pèlerinage, commente-t-il. Les gens veulent refaire le parcours de Daniel Prévost et du maire dans les rues du village. Comme tous les pèlerins, ils ont le culte des reliques. Certains repartent même avec le panneau indicateur de la commune. On a beau les fixer solidement, le maire doit en remplacer une dizaine tous les ans. » La plupart se contentent heureusement de photographier le panneau, en demandant parfois à leur compagne de poser à côté, jupe relevée.

Pour satisfaire l'appétit de ces amateurs d'images, un retraité de la RATP a eu l'idée de planter dans le jardinet de son pavillon un vieux poteau d'arrêt de bus parisien sur lequel il a fait inscrire « L'arrêt de Montcuq ». Pour l'instant, personne n'a encore réussi à le desceller.

Spécial Montcuq

Récemment, grâce à internet, les Montcuquois ont pu mesurer l'extraordinaire notoriété que s'est acquise leur commune et la sympathie qu'elle suscite. L'éditeur du Monopoly ayant appelé les internautes à voter pour désigner les villes françaises qui remplaceront les rues de Paris dans la prochaine version du jeu, c'est Montcuq qui est arrivé largement en tête du scrutin avec 52 979 voix, devant Dunkerque (30 640 voix). « Clin d'œil un brin gaulois, à peine grivois, à un joli petit coin de la France tranquille », écrit alors *La Dépêche du Midi*. Hélas, la société éditrice, Hasbro, a refusé d'entériner le vote et d'attribuer à Montcuq l'emblématique emplacement de la rue de la Paix qui lui revenait de droit. Elle invoque le prétexte que « l'humour n'est pas dans sa ligne éditoriale » et qu'un tel choix serait mal accepté par le public familial du Monopoly !

On imagine la déception des habitants, dépossédés de leur victoire. En compensation, Hasbro a créé un Monopoly « spécial Montcuq », avec les rues de la commune à la place des grandes artères parisiennes, où la rue du Petit-Rapporteur, qui se substitue à la rue de la Paix, est la plus chère (quatre cents euros) ! On y trouve aussi l'esplanade Nino-Ferrer – ainsi nommée en hommage au chanteur qui a vécu ses dernières années dans la commune.

Débarrassés de leurs complexes, les Montcuquois veulent maintenant exploiter au maximum, sur le plan touristique, la célébrité que leur a value l'émission. Considérant que le nom de leur commune est au contraire devenu un atout, ils ont superbement refusé d'entrer dans l'association (amicale) des communes « handicapées patronymiques », aux côtés de Pissotte (Vendée), Poil (Nièvre), Bèze (Côte-d'Or) ou Lombez (Gers)...

3

Un air de liberté

On ne peut pas comprendre ni expliquer le phéno-
ménal succès du *Petit Rapporteur* sans replacer l'émission dans son époque. Le dimanche 19 janvier 1975,
quand déboule pour la première fois sur le petit écran,
sur une musique d'Erik Satie, un petit éléphant botté
portant l'étendard du *Petit Rapporteur*, la France et la
télévision sont en état de choc.

Huit mois plus tôt, la France s'est donné un nouveau
président de la République, Valéry Giscard d'Estaing,
qui a été élu de justesse : 50,81 % des suffrages contre
49,19 à Mitterrand. Le pays est coupé en deux. Pour
réduire la fracture, il se lance aussitôt dans une politique de réformes et d'ouverture, avec la ferme intention,
dit-il, de « moderniser la France ».

Il abaisse l'âge de la majorité à dix-huit ans. Il fait
entrer Françoise Giroud au gouvernement et lui confie
un secrétariat d'État à la Condition féminine. Quelques
années auparavant, quand on avait soumis cette idée au
général de Gaulle, il avait répondu, bougon : « Pour-

quoi pas un secrétariat d'État au tricot ? » C'est dire si les mentalités ont changé. Bousculant les préjugés et les tabous, il confie à une autre femme, Simone Veil, le soin de préparer une loi autorisant dans certaines conditions l'interruption volontaire de grossesse, et il instaure, en janvier 1975, le divorce par consentement mutuel.

Le nouveau président s'attache aussi à désacraliser la fonction. Il adopte un style décontracté. Lors de sa première cérémonie à l'Arc de triomphe, il remonte les Champs-Élysées à pied. Sur la photo officielle, destinée à prendre place dans toutes les mairies, il délaisse l'habit et le collier de grand maître de la Légion d'honneur portés par ses prédécesseurs pour adopter le costume-cravate de Monsieur Tout-le-Monde. Il s'invite à dîner avec Madame, à la bonne franquette, dans des familles françaises.

À la télévision, c'est aussi le grand chambardement. Trois mois après son élection, il a fait adopter une loi qui casse l'ORTF. Le « monstre ingérable », dont les journalistes devaient se considérer, selon le président précédent, Georges Pompidou, comme « la voix de la France », est morcelé en sept sociétés autonomes, dont trois sociétés de programmes : TF1, Antenne 2 et FR3, et une société, la SFP, qui concentre tous les moyens de production. Cette nouvelle organisation met les trois chaînes publiques dans une situation de concurrence qui va révolutionner le paysage audiovisuel.

On va pouvoir s'amuser

Sensible à l'air du temps, Jacques Martin a très vite compris que, si tout n'était pas possible, certaines audaces allaient devenir acceptables. En 1964, il avait tenté d'exercer ses talents satiriques à la télévision, en compagnie de Jean Yanne, dans l'émission *Un égale trois* (titre inspiré d'Alphonse Allais qui avait intitulé l'un de ses livres *Deux et deux font cinq*). Mais les sketches imaginés par les deux compères avaient fait scandale. À la suite d'une séquence qui montrait Napoléon en coureur cycliste, escorté de ses maréchaux d'Empire, un homme politique corse avait exigé des excuses et une cérémonie réparatrice devant le tombeau de l'Empereur aux Invalides. Jacques avait dû prendre un avocat, Mᵉ Floriot, pour assurer sa défense. Au cinquième numéro, d'ailleurs, l'émission avait été supprimée par la direction de l'ORTF.

Cette fois, a-t-il pensé, on va peut-être pouvoir s'amuser plus librement.

C'est ici qu'il faut parler d'un homme dont le nom a figuré en gros caractères chaque dimanche au générique de l'émission à côté de celui de Jacques Martin, mais dont le visage n'apparaissait jamais à l'écran : Bernard Lion.

Bernard Lion avait commencé à travailler en 1965 comme réalisateur, d'émissions d'information telles que *Cinq Colonnes à la Une*, *Panorama*. Il avait lancé le premier journal en couleurs en 1970 sur la 2. Mais il réalisait aussi des émissions de variétés pour les Carpentier ou d'autres producteurs, tout en produisant lui-même des émissions de jazz. En 1968, il s'était ainsi retrouvé aux manettes de *Midi Magazine*, que Jacques présentait tous les jours en compagnie de Danièle Gilbert, surnommée par lui « La Grande Duduche »… Depuis lors ils étaient restés copains et se revoyaient souvent.

En septembre 1974, rencontrant Jacques, il lui dit : « J'ai appris que la première chaîne cherche une émission distrayante et populaire pour booster l'audience du journal de 13 heures, le dimanche. Ça t'intéresserait ? »

Ensemble, ils ont donc imaginé une sorte de magazine hebdomadaire qui serait diffusé à la suite du journal et qui traiterait l'actualité de la semaine sous un angle humoristique, divertissant. « L'idée, m'a raconté Bernard, c'était de faire une émission de variétés en adoptant la structure et les moyens d'un journal. Avec des reportages, des rubriques, des chroniqueurs et un rédacteur en chef en la personne, bien sûr, de Jacques Martin. » « On pourrait la présenter à deux », avait d'abord suggéré Jacques. Mais Bernard Lion, habitué à évoluer dans l'ombre, caché derrière ses légendaires lunettes noires, avait décliné l'offre, se contentant du titre de coproducteur.

C'est lui, toutefois, parce qu'il connaissait mieux les arcanes de la télé, qui est allé présenter le projet au responsable des émissions de divertissement de la première chaîne, Jean-Michel Hepp. Celui-ci en a aussitôt référé à son directeur, Jean-Louis Guillaud, qui s'est montré séduit. Le président de la chaîne, en revanche, Jean Cazeneuve, était plus réticent. Il se méfiait de l'humour caustique de Jacques qui, appliqué au domaine de l'information, pouvait occasionner quelques irritations chez ceux qui nous gouvernent, et subséquemment quelques ennuis pour la chaîne qu'il présidait. Le risque était d'autant plus grand que les deux producteurs tenaient à faire l'émission en direct, comme un vrai journal, afin de coller au plus près à l'actualité, et en public pour recueillir à chaud les rires des spectateurs.

« Pour lever ses inquiétudes, se souvient Jean-Louis Guillaud, j'ai organisé un dîner au cours duquel Jacques Martin a fait étalage d'une verve et d'une drôlerie éblouissantes, et le président, charmé, a donné son accord. »

L'horaire qu'on lui confiait, de toute façon, n'était pas très exposé. À l'époque, plus encore qu'aujourd'hui, les émissions importantes étaient programmées en début de soirée. 13 h 20 était considérée comme une heure creuse. Les éventuels dérapages, redoutés par le président, n'auraient pas eu de conséquences trop dommageables.

Une bouée de sauvetage

Pour Jacques Martin, le feu vert accordé par TF1 ressemblait à une bouée de sauvetage. Car il faut rappeler qu'en 1974, sa cote de popularité avait beaucoup baissé.

Il traversait un tunnel, comme on dit dans le métier. Il venait de connaître un bide retentissant, au début de l'année, avec une émission mensuelle, *Taratata*, diffusée à 20 h 30, qui mélangeait l'humour et les variétés. La formule, assez bâtarde, avait été très mal accueillie par la critique comme par les téléspectateurs. Des milliers de lettres réclamaient le retour de Guy Lux, l'animateur que Jacques avait remplacé dans cette case horaire. La direction de la 2 avait donc brutalement interrompu l'émission en cours de saison.

Il avait subi un autre échec douloureux avec *Na*, un film « écrit, réalisé et interprété par Jacques Martin », disait l'affiche. Il y traitait, sur le ton de la comédie, des problèmes du troisième âge. Sujet audacieux mais délicat. Sorti au printemps 1973, le film fut éreinté par la presse, boudé par le public et lui fit perdre beaucoup d'argent. Il mit plusieurs années à s'en remettre.

Sur scène, le succès semblait aussi l'avoir abandonné. Les galas en province, sa principale source de revenus, étaient moins nombreux, et son dernier spectacle, au théâtre des Variétés, était loin d'avoir fait le plein. Et pendant ce temps-là, suprême vexation, son ancien complice Jean Yanne additionnait les succès au cinéma.

« Jacques s'interrogeait sur son avenir, raconte Danièle Évenou, qui partageait alors sa vie... et ses difficultés. Il déprimait. Je le revois encore, debout devant la fenêtre, dans son vieux peignoir fermé par une épingle à linge, fumant cigarette sur cigarette et tapant du pied en disant : "Ce n'est pas possible, ça ne peut pas durer comme ça !" Lui qui débordait d'idées, habituellement, semblait tourner à vide. Sur les planches comme à la télé, il n'arrivait pas à sortir des deux personnages qu'il avait créés et qui avaient connu, au début, un certain succès : Mme Berrichon, la vieille provinciale au franc-parler, avec sa perruque grise sous un chapeau à voilette, et M. Ronchon, l'éternel râleur. Il fallait qu'il trouve la possibilité de se renouveler, de se montrer sur scène aussi drôle qu'il l'était dans la vie. »

Le Petit Rapporteur allait la lui offrir. En 1968, déjà, avec *Midi Magazine*, il avait fait d'une tranche horaire peu convoitée (12 h 30-13 heures) l'une des plus regardées de la télévision, révélant du même coup l'existence d'un public potentiel insoupçonné à ce moment de la journée. « Toutes les grandes vedettes demandent à participer à l'émission », s'étonnait alors *Télé 7 Jours*, qui ajoutait que le taux de satisfaction des téléspectateurs (précurseur de l'audimat) était passé de 35 à 65 % en un mois et demi.

De la même façon, le dimanche, à l'heure du déjeuner, il allait réussir à mobiliser jusqu'à 65 % des quarante millions de téléspectateurs de l'époque devant ce petit écran qui prenait une place de plus en plus grande dans la vie et les habitudes des Français.

4

Les premiers mousquetaires

À l'origine, l'émission devait s'appeler *Le Petit Reporter*. C'est le titre qu'elle portait quand elle a été proposée à la première chaîne. Et puis Jacques Martin, avec son sens inné de la formule, s'est ravisé : « *Le Petit Rapporteur*, ce serait plus drôle, non ? Ça traduirait mieux ce qu'on veut faire », a-t-il dit à Bernard Lion.

C'est encore lui qui a choisi la musique du générique : une pièce d'Erik Satie, l'un de ses compositeurs préférés, intitulée *La Belle excentrique*, interprétée par Aldo Ciccolini.

« Et l'éléphant, pourquoi un éléphant ? », me demande-t-on parfois. « Pour rien, selon Bernard Lion. Il fallait un fond de décor, pour le plateau, alors j'ai feuilleté un livre de vignettes anciennes qui était dans ma bibliothèque. Je suis tombé sur ce dessin, il m'a amusé. Je me suis dit que, sur l'étendard, on pourrait inscrire le titre de l'émission, et faire défiler le déroulant du générique sur le caparaçon de l'animal. C'est aussi simple que ça. Après coup, j'ai pensé à la chanson *Un éléphant, ça trompe....* Cela collait plutôt bien à l'esprit de l'émission, finalement. Mais il ne faut pas y chercher une quelconque intention. »

Pour compléter le décor, quelques gravures extraites de journaux satiriques du XIXᵉ siècle ont fait l'affaire.

Restait à constituer l'équipe des journalistes.

Les parties de rigolade

Quand on parle du *Petit Rapporteur*, aujourd'hui, on cite toujours les mêmes noms : Jacques Martin, bien sûr, Stéphane Collaro, Daniel Prévost, Pierre Desproges, Piem et moi. C'est la bande mythique, celle qui a permis à l'émission d'obtenir des records d'audience, au début de l'année 1976. Mais ce n'est pas l'équipe de départ, pas entièrement du moins.

Le premier journaliste auquel a pensé Jacques, quand il a commencé à concevoir l'émission, est Stéphane Collaro, qui avait alors trente et un ans. « Tatane », comme l'appelaient tous les copains. Ils se connaissaient depuis longtemps. Ils s'étaient rencontrés dans un bar de la rue de Penthièvre, La Vie parisienne, où ils avaient leurs habitudes. Stéphane était à l'époque journaliste au service des sports de l'ORTF. Il y collaborait à deux rubriques : la natation et l'automobile, avec une préférence marquée pour cette dernière discipline dont les événements sont beaucoup plus festifs et où les victoires s'arrosent traditionnellement au champagne. Il s'était d'ailleurs lié d'amitié avec Jean-Marie Dubois, l'homme des relations publiques de Moët & Chandon – sponsor des courses – qui les rejoignait souvent, le soir, à La Vie parisienne ou Chez Castel.

Ils se retrouvaient également en vacances à Pornichet, tout à côté de La Baule, dans la villa que possédaient les parents de Stéphane. Jacques y passait au moins une semaine chaque été. Il y est venu avec Marion Game, puis avec Danièle Évenou et leur fils Frédéric, alors âgé de quelques mois. C'est là qu'ils ont appris à mieux se connaître et qu'ils ont pris la mesure de leur goût commun pour les canulars et les blagues en tous genres.

En 1974 hélas, Stéphane s'est fait virer de l'ORTF, qui lui reprochait, dit-on, sa propension, pendant les épreuves automobiles, à préférer la fréquentation des bars avec ses potes, à celle des circuits. D'autres prétendent que, lors d'un remplacement d'été au service hippique, il aurait commis une grossière erreur de résultats à l'arrivée d'une course. Ce qui est sûr, c'est qu'il s'était attiré l'inimitié de ses chefs de service en se livrant à des plaisanteries qui ne faisaient pas rire du tout leurs destinataires, comme de faire livrer une tonne de foin au domicile de Léon Zitrone... Aussi, quand Jacques a commencé à travailler sur le projet du *Petit Rapporteur*, il s'est empressé de lui téléphoner : « J'ai un boulot pour toi. On va pouvoir travailler et rigoler ensemble. »

Selon Bernard Lion, le directeur de TF1, Jean-Louis Guillaud, s'est d'abord opposé à la participation d'un journaliste qu'il avait licencié peu de temps auparavant, mais devant l'insistance de Jacques, il a fini par céder, en le prévenant toutefois qu'à la première connerie, il exigerait son départ.

L'aristo de gauche

Le deuxième nom qui s'est imposé dans l'esprit de Jacques, c'est celui de Piem, le dessinateur barbu de *La Petite Semaine*. P comme Prodigieux, I comme Irrésistible, E comme Extraordinaire et M comme Modeste, avait-il coutume de dire en se présentant...

Pierre de Barrigue de Montvallon, de son vrai nom, était journaliste au *Figaro* mais il avait une vocation contrariée d'homme de spectacles. Pour se défouler, il se produisait le soir dans des music-halls ou des cabarets parisiens comme La Tête de l'Art, où il commentait l'actualité à sa façon, en accompagnant ses propos de dessins qu'il traçait sur un « paperboard ». Il avait aussi assuré la première partie de Georges Brassens à Bobino, de Liza Minnelli à l'Olympia.

Fin 1974, passant rue de la Gaîté, il s'informe pour savoir quelles sont les futures têtes d'affiche. « La prochaine est Jacques Martin, lui répond-on. Il doit commencer le 4 décembre. Si vous souhaitez figurer dans le programme, vous êtes le bienvenu. »

« J'ai d'abord fait la fine bouche, avoue-t-il aujourd'hui. Je ne connaissais pas le bonhomme, et son public ne me semblait pas être le mien. J'avais encore l'image de l'animateur de *Midi Magazine*, avec « La Grande Duduche » ! Mais comme j'avais besoin d'argent, j'ai accepté. » C'est ainsi que l'un et l'autre se découvrent et apprennent à s'apprécier.

Jacques a immédiatement pensé que le numéro de Piem, adapté pour la télévision, ferait une excellente séquence dans l'émission qu'il était en train d'ébaucher, et il lui a proposé d'entrer dans l'équipe. « Chaque dimanche, tu nous feras six dessins en t'appuyant sur les événements de la semaine écoulée. On appellera ça "La Petite Semaine de Piem" », lui dit-il.

Ils étaient très différents. Malgré son esprit contestataire et irrévérencieux, Jacques était plutôt un homme de droite. Piem, en dépit de ses origines aristocratiques (vieille noblesse de robe d'Aix-en-Provence) et de sa collaboration au *Figaro*, affichait clairement des idées de gauche. Mais Jacques, qui adorait « mettre en boîte » ses collaborateurs, comptait bien jouer de ces divergences politiques pour animer le plateau de l'émission.

Lassus et Couderc

En cette fin d'année 1974, Jacques animait aussi une émission quotidienne sur RTL, de 12 h 30 à 14 heures.

« Ça l'ennuyait, se rappelle Danièle Évenou. Il se levait tous les matins de mauvaise humeur à l'idée de devoir aller à la radio... » Il s'y était fait quelques copains, pourtant, comme Robert Lassus, le chef des informations du matin. Régulièrement, Robert venait le retrouver au studio pour lui apporter des dépêches amusantes qu'il n'avait pas pu placer dans ses journaux mais qui donnaient à Jacques l'occasion de se livrer à l'une de ces improvisations qui faisaient son succès. Cette capacité de rebondir immédiatement et brillamment sur n'importe quelle information sera d'ailleurs son atout majeur au *Petit Rapporteur*.

Lassus, quarante-quatre ans, était un faux naïf, du genre pince-sans-rire, qui avait un goût immodéré pour les calembours et les à-peu-près. Jacques a pressenti qu'il pourrait en faire une bonne marionnette, lui aussi, dans son théâtre de Guignol, et qu'il en tirerait quelques effets comiques. Il le chargea donc de présenter chaque semaine une pseudo-revue de presse en collectant les petites nouvelles insolites et, au besoin, en les inventant.

Il y avait aussi, dans cette première équipe, Philippe Couderc, journaliste élégant et exigeant. Il tenait la rubrique gastronomique de *Minute*, un hebdomadaire satirique qui est devenu une émanation du Front national mais qui, à l'origine, était simplement un organe antigaulliste, une sorte de *Canard enchaîné* de la droite. Il collaborait aussi aux émissions de Pierre Bouteiller sur France Inter, où il faisait la critique des restaurants. Jacques l'avait choisi parce qu'il aimait ses chroniques virulentes, d'une grande liberté de ton. « Tu cognes, j'aime bien », lui avait-il dit au cours de leur premier déjeuner.

La cuisine, de toute façon, était un sujet qui lui tenait particulièrement à cœur, comme chacun sait. Bob Quibel (Kiki), le musicien qui l'a accompagné pendant toute sa carrière, de 1967 à 1998 (trente et un ans !), raconte volontiers que, lorsqu'ils partaient faire des galas en province, Jacques n'hésitait pas à faire un détour de cent kilomètres pour aller s'attabler chez un grand chef. « Nous étions trois, avec le pianiste, mais c'était toujours lui qui réglait la note ! », précise-t-il.

Pour l'émission, il attendait de Philippe Couderc qu'il traque et dénonce les fausses valeurs, les arnaques, les mensonges de tous ceux qui règnent sur le goût et le prétendu bon goût*.

---

* J'ai appris par la suite que Jacques avait pressenti un autre brillant journaliste, membre actif de la bande de chez Castel : Pierre Bénichou. Celui-ci avait refusé, considérant que sa participation était incompatible avec ses fonctions de rédacteur en chef adjoint au *Nouvel Observateur*. Il regrette aujourd'hui cette erreur de parcours, mais il s'est consolé en devenant l'un des fidèles chroniqueurs de Laurent Ruquier.

Sur la route du Tour

Quant à moi, j'avais connu Jacques en 1968, sur les routes du Tour de France, ce Tour qui avait bien failli ne pas partir à cause des événements du mois de mai. Je suivais le parcours de l'épreuve dans une voiture aux couleurs d'Europe 1 en m'arrêtant chaque jour dans trois ou quatre villages pour enregistrer les reportages destinés à mon émission *Bonjour, Monsieur le Maire*. Lui se produisait le soir, dans la ville étape, sur le podium d'Europe 1, où il régalait le public avec des imitations de Luis Mariano, Georges Guétary, Jacques Brel, Charles Trenet et autres vedettes de la chanson d'alors. Après le spectacle, nous nous retrouvions souvent, avec d'autres membres de la caravane, dans un restaurant de la ville, et je me souviens de soirées de rire extraordinaires où Jacques se livrait à un numéro époustouflant.

Parfois, quand il se réveillait à temps, il me rejoignait le lendemain sur la route au volant de sa voiture de sport et il s'arrêtait avec moi dans les petites communes qui s'étaient mises en frais pour accueillir le Tour et nous faisaient goûter les vins et autres produits de leur terroir. Il aimait cette ambiance de fête villageoise. Il se plaisait visiblement à trinquer et à discuter avec les gens du pays.

Ces rencontres ont dû le marquer profondément puisque six ans plus tard, au moment de constituer son

équipe, il s'est souvenu de moi. Il m'a retrouvé sans
peine à Europe 1, où je poursuivais mon émission mati-
nale quotidienne, et, à ma grande surprise, m'a proposé
de le rejoindre.

« Je ne veux pas tomber dans le piège du parisia-
nisme, m'a-t-il expliqué. J'ai besoin de toi pour apporter dans l'émission une bouffée d'air de la campagne,
avec des portraits de personnages originaux, des histoires de clocher, comme tu le fais à la radio… On pourrait appeler ta rubrique "Les Français sont comme
ça". »

1 500 francs par émission

Je n'avais jamais fait de télévision, les autres non
plus, à l'exception de Stéphane, mais nous en rêvions
tous, plus ou moins. Malgré notre appréhension, nous
n'avons donc pas tergiversé bien longtemps avant de
donner notre accord. Nous n'avons pas davantage
songé à discuter les conditions de notre engagement.
« Vous aurez tous le même cachet : mille cinq cents
francs* par émission, nous avait annoncé Jacques, avec
un contrat renouvelable chaque semaine, parce qu'on
ne sait pas combien de temps on va tenir. »

---

* Pour donner un élément de comparaison, le prix de la
baguette (qui était encore réglementé) était en 1976 de un franc.

39

Cela signifiait que, si la chaîne décidait du jour au lendemain d'arrêter l'émission, nous n'avions rien à dire. Mais comme nous percevions tous, par ailleurs, un salaire régulier – hormis Stéphane –, ce risque ne nous souciait guère.

La question qui nous préoccupait, en revanche, c'était : comment allions-nous faire pour concilier notre travail principal (mon émission de radio quotidienne, en ce qui me concernait) avec cette nouvelle collaboration. Jacques voulait que nous lui fournissions chacun un sujet filmé par émission, ce qui exigeait au minimum un jour de tournage et un jour de montage. Avec en plus une présence en plateau le dimanche... L'année promettait d'être difficile !

Nous avons fait connaissance les uns des autres les tout premiers jours de janvier, chez Jacques. Il habitait un petit hôtel particulier de la rue Berlioz, dans le 16e arrondissement, où il avait succédé au chanteur David-Alexandre Winter (le père d'Ophélie). Nous nous sommes retrouvés dans son salon autour d'un mâchon lyonnais que Danièle nous avait préparé : saucisson, cervelas, pâté de tête, beaujolais... Jacques était enroulé, à son habitude, dans un vieux peignoir en tissu éponge, avec une petite poche, sur le côté, dans laquelle il avait la manie de faire tomber la cendre de sa cigarette, d'un petit coup sec de l'index. Il y avait aussi la bande de réalisateurs et d'assistants que Bernard Lion avait recrutés pour nous accompagner dans cette nouvelle aventure et nous aider à apprivoiser notre nouvel outil de travail : François Pradeau, Michel Clément, Anne Hirsh, Karel Prokop, Claude Kolton, Marcel Boudou, Marc Pavaut, ainsi que Jacques Clément, le chef de production, en charge de toutes les questions d'intendance et des tâches d'organisation.

Ce confortable salon allait bientôt devenir notre lieu de rendez-vous hebdomadaire pour la conférence de rédaction du lundi matin. Car Jacques ne voulait pas de bureau à TF1 ou à la SFP. Il tenait à rester un « saltimbanque » qui travaille chez lui.

En fait, nous n'avons commencé à tourner qu'une semaine avant le démarrage de l'émission, dans une précipitation qui deviendra coutumière. Et c'est un miracle que nous ayons réussi à être prêts à la date et à l'heure prévues, le dimanche 19 janvier à 13 h 20.

5

À dimanche… peut-être !

Il y avait encore des speakerines, en ce temps-là, à la télévision. C'est donc Catherine Langeais, tout sourire, qui, le dimanche 19 janvier 1975 à 13 h 20, annonça le premier numéro du *Petit Rapporteur* sur TF1 : « Un nouveau journal, dit-elle, que nous espérons retrouver chaque dimanche et qui fera suite au journal plus officiel… »

Au studio 101 de la Maison de la Radio, où nous avions invité famille et amis pour composer un public indulgent, nous n'en menions pas large. Jacques Martin lui-même, serré dans un gilet trop étroit, avait perdu son aisance. Lui, le maître incontesté de l'improvisation, avait rédigé un petit texte de présentation qu'il lut avec application dès que la caméra fut dirigée sur lui. C'est un détail qui m'a frappé parce que jamais plus, par la suite, je ne le verrai écrire une seule ligne en préparant l'émission. Il arrivait mains dans les poches, le dimanche matin, avec, inscrite sur un bout de carton, la liste des reportages dans l'ordre de diffusion et le nom de leurs auteurs, et pour le reste, il se fiait entièrement à l'inspiration du moment.

« Qu'on ne se méprenne pas, commença-t-il, il s'agit bien d'un vrai journal, fait avec de vrais journalistes recrutés par mes soins et avec soin. Et les documents que nous allons vous présenter sont authentiques, les sujets que nous allons traiter ont tous paru dans les journaux de la presse écrite ou de l'actualité télévisée. »

Il insistait lourdement sur ce point car il tenait à se démarquer d'emblée des émissions de chansonniers, telles que l'ancienne *Boîte à Sel,* de Jacques Grello, dont le style lui semblait vieillot. Pour affirmer le caractère journalistique du *Petit Rapporteur,* il prendra l'habitude, d'ailleurs, de faire apparaître à l'écran, avant chaque reportage, la coupure de presse qui l'a suscité.

« Mais alors en quoi ce journal est-il différent des autres ?, poursuivit-il. Eh bien nous avons décidé quant à nous de traiter l'actualité en la regardant par le petit bout de la lorgnette. Notre but est de montrer que, vu sous un certain angle, on peut sourire de tout, même des informations les plus sérieuses.

Si l'humour et la tendresse arrivent à transparaître de notre petit magazine, nous aurons atteint notre but qui est de rester fidèle à la devise inscrite au fronton de notre journal et qui résume de façon claire et nette notre volonté commune : "Sans la liberté de flatter, il n'est pas d'éloge blâmeur." »

J'avoue que j'ai cherché longtemps quel sens il fallait donner à ce détournement de la maxime de Beaumarchais, dont Jacques Martin était très fier… avant d'admettre qu'il s'agissait d'une simple loufoquerie dans la tradition de Pierre Dac.

Les nouvelles têtes

Pour lancer le premier reportage de ce premier numéro – que je vous invite à revivre en même temps que moi, avec la pointe de nostalgie requise –, Jacques s'est appuyé sur un article de *L'Aurore* qui saluait l'apparition des nouvelles chaînes de télé mais se plaignait de ne pas y découvrir de nouvelles têtes.

« Comment ? dit Jacques. Pas de nouvelles têtes ? Le reproche est très injuste. Regardez plutôt l'enquête qu'a réalisée l'un de nos reporters à l'intérieur même de notre maison. »

On vit alors défiler sur l'écran toutes les célébrités de la chaîne, qui révélaient tour à tour depuis combien de temps elles étaient à la télévision : Georges de Caunes (vingt-six ans), Roger Couderc (vingt-quatre ans), Pierre Sabbagh (vingt ans), Robert Chapatte (vingt ans), Jacqueline Caurat et Guy Lux (dix-huit ans), Maritie et Gilbert Carpentier (quinze ans), Jacques Rouland (quatorze ans)… Et puis, tout à la fin, apparut le chef de brigade de la cantine, à qui l'on posa la même question :

« Depuis combien de temps êtes-vous là ?

– Depuis le 5 janvier dernier ! »
« Vous voyez bien qu'il y a de nouvelles têtes à la télévision ! » conclut Jacques Martin, tout réjoui de son effet.

Le ton est donné. L'un des ressorts comiques fréquemment utilisé par *Le Petit Rapporteur*, qui consiste à mettre constamment en contradiction ce qui est dit et ce que l'on voit, a parfaitement fonctionné. C'est ce détournement systématique de l'image qui a fait dire que Jacques Martin est le créateur de ce qu'on appelle aujourd'hui le « vrai-faux journal », un genre perpétué par le *JTN* des Nuls, *Les Guignols de l'Info* ou *7 Jours au Groland.*

« Les vraies nouvelles têtes, enchaîna Jacques, ce sont celles de l'équipe du *Petit Rapporteur*, et je vais vous les présenter tout de suite. »

C'est ainsi que les téléspectateurs eurent droit à notre premier sourire (crispé). Celui de Collaro d'abord, qui tire nerveusement sur sa cigarette. Eh oui, on avait l'autorisation de fumer, à l'époque, sur les plateaux de télévision, et nous en usions largement. Au point que je me demande si ces images seront encore supportables, dans les années à venir, aux yeux des téléspectateurs conditionnés par les campagnes anti-tabac.

Licencié quelques mois plus tôt du service des sports, Stéphane se définit comme le « renvoyé spécial » de l'émission. Et Martin rappelle l'une des blagues qui lui ont peut-être valu de perdre son travail : il avait un jour introduit un morceau de hareng fumé dans le combiné du téléphone de Loys Van Lee, son chef de service, pour lui faire croire qu'il avait mauvaise haleine...

À côté de lui, fumant tout aussi ostensiblement, j'écoute d'un air modeste Jacques Martin me qualifier de « journaliste qui connaît le mieux la France, commune par commune, vicinale par vicinale ». Puis apparaît le visage de Jean-Charles, « avec un tréma », précise Jacques, au lieu de dire « un trait d'union », lapsus qui traduit chez lui une émotion inhabituelle. Auteur de deux livres à grand succès, *L'École des cancres* et *Les Perles du facteur*, Jacques l'a appelé en renfort au dernier moment parce qu'il a eu soudain peur que cette première émission ne soit pas assez riche. Mais on ne le reverra pas la semaine suivante. Jacques va s'apercevoir qu'il fait double emploi avec Robert Lassus, qui a écrit lui aussi un recueil de « perles », *La Franconnerie*, dont il livre illico quelques exemples :

« Une dame est entrée chez l'opticien et lui a déclaré : "Ma vue baisse à vue d'œil." »

« "Depuis qu'il n'y a plus de bec de gaz, mon chien n'est plus le même homme", m'a dit une autre dame. »

« Aux obsèques de M. Pompidou, M. Senghor était tout pâle. »

« Le mercredi, je ne suis pas embêté avec mes deux gamines, c'est le jour où M. le curé leur montre son cinéma. »

Un jeu cruel

À chacune de ces sorties, Jacques se garde bien de rire. Il dit simplement : « Oui... », d'un air navré. Entre lui et Robert Lassus, commence ainsi un petit jeu assez cruel qui va se poursuivre et s'intensifier les mois suivants : Robert débite ses prétendues « petites nouvelles », qu'il trouve apparemment très drôles et qui provoquent d'ailleurs l'hilarité d'une partie du public. Jacques, de son côté, se montre affligé par leur nullité ou s'en indigne bruyamment. Il gagne ainsi sur les deux tableaux, c'est-à-dire qu'il laisse son acolyte flatter un auditoire sensible à cet humour facile tandis qu'il s'acquiert à bon compte l'estime d'une clientèle plus exigeante.

Le tour de table se termine avec Piem, « le plus dangereux d'entre nous », et Philippe Couderc, « terreur des mauvais cuisiniers ». Puis la caméra se dirige vers une chaise et un petit guéridon sur lequel un couvert a été dressé, avec une casserole contenant des œufs brouillés : « C'est pour vous, Valéry, lance-t-il, nous vous attendons, vous pouvez venir quand vous voulez ! »

Le président de la République vient en effet d'annoncer qu'il allait s'inviter à dîner chez les Français pour mieux les écouter, et il a laissé entendre, en privé, qu'il aimait les œufs brouillés. Mais Jacques s'inquiète : « Pour lui faire plaisir, tout le monde va lui préparer des

48

œufs brouillés. Il va être obligé de s'en taper à chaque fois. À la longue, ça fatigue, les œufs brouillés ! »

À l'intention des soixante-dix-mille familles qui ont déjà écrit à l'Élysée pour inviter le président à leur table, il a donc chargé Philippe Couderc d'aller demander des idées de menu à deux aristocrates de la meilleure noblesse, la princesse Marie-Blanche de Broglie et son amie la comtesse de Molle, qui ont eu la curieuse idée d'ouvrir à Paris un cours de cuisine « bourgeoise ».

Les recettes de la comtesse

L'interview de ces deux femmes qui s'évertuent à parler « simple » mais dont le langage, les gestes, les attitudes révèlent jusqu'à la caricature leur éducation aristocratique est un grand moment de télévision. Aucune ironie apparente, aucune méchanceté dans les questions. La princesse et la comtesse se contentent d'être elles-mêmes et le décalage entre leur monde – auquel le président prétend appartenir – et celui de l'électeur moyen, celui des gens d'« essence différente », comme dit la comtesse, est flagrant.

En conclusion, celle-ci s'efforce de rassurer les futurs hôtes du président : « Comme les rois autrefois, le président de la République pense sûrement qu'il est partout chez lui. Il se sentira donc à l'aise chez ses hôtes et les mettra du même coup à l'aise, conclut la princesse, avec un charmant rire en cascade. Qu'ils ne se fassent pas de souci ! »

Jacques apporte sa petite touche finale à cette séquence culinaire. Collectionneur de livres de cuisine, il a ressorti pour l'occasion de sa bibliothèque un vieil ouvrage, *La Cuisine du siècle*, de Catherine de Bonnechère (!), dont il lit quelques « recettes destinées au personnel de l'office » : l'une « pour rendre mangeable un poisson qui commence à se corrompre », l'autre « pour ôter le mauvais goût aux viandes peu fraîches »...

Les reportages se succèdent, et l'on voit peu à peu s'esquisser la trame de ce que sera l'émission. À propos d'une déclaration du cardinal Etchegaray, évêque de Marseille, qui alerte les consciences sur les ravages du tiercé, « drogue nationale » et « nouvelle forme d'aliénation », Robert Lassus est allé interroger des représentants autorisés des autres religions pour savoir ce qu'ils pensent, quant à eux, du tiercé. Le rabbin Zinni, le recteur de la Mosquée de Paris, M. Boubakeur, et un pasteur de l'Église réformée sont unanimes. Ils condamnent formellement ce jeu de hasard. Ce qui fait dire à Jacques Martin que, normalement, si les 85 % de Français qui se disent catholiques (selon un sondage du *Pèlerin*) et les 15 % qui sont d'une autre croyance se conformaient aux préceptes de leur religion, il ne devrait pas y avoir de parieurs. Il en profite pour diffuser un extrait de son film *Na* – « qui a eu dix-sept spectateurs, dit-il, dont ma mère qui l'a vu deux fois ». On

50

y voit un sacristain faire la quête dans une église, à la messe du dimanche, tout en prenant au passage les paris des paroissiens. « Voilà comment certains s'arrangent avec le Ciel ! »

Le prix d'un demi

Après ce léger coup de patte aux Églises, Stéphane Collaro entre en lice pour dénoncer un nouveau phénomène qui est en train de contaminer le sport français. Il y a désormais, déplore-t-il, un marché des footballeurs. Ils se vendent ou s'échangent comme des marchandises ou des actions en Bourse. Mais il traite le sujet à sa façon, dans le plus pur style Collaro, que les téléspectateurs découvrent, ce dimanche-là, avec jubilation.

Il enquête en particulier sur le prix des demis… en mélangeant les réponses d'un dirigeant du football et d'un patron de café, pour qui le mot « demi » n'a évidemment pas le même sens. Il termine par l'interview du demi de l'équipe de Malakoff, qui joue en troisième division, un nommé Bock. Il fallait le trouver ! On a droit alors à une série de questions, posées très sérieusement, telles que :

« Pour devenir un grand demi, est-ce qu'il faut se faire mousser ? »

« Avez-vous été l'objet de pressions ? »

Sur quoi Robert Lassus, hypocritement, se déclare indigné qu'on puisse se moquer du nom des gens. Il signale qu'il existe une association des handicapés patronymiques, fondée il y a cinq ans par M. Meurdesoif, malheureusement décédé depuis. Elle compte une quarantaine de Cocu et un adjudant de gendarmerie nommé Jean Balle. On retrouve là l'humour Lassus, qu'il cultivera jusqu'à la fin de sa collaboration à l'émission...

Des obus en chocolat

Piem est le plus à l'aise d'entre nous, au cours de cette première prestation. L'expérience du cabaret lui confère sans doute son apparente assurance. Pour sa « Petite Semaine », il a croqué quelques dessins très réussis sur l'année de la femme, décidée par Giscard, sur le Larzac, que les militaires disputent aux éleveurs de moutons, sur Simone Veil qui a lancé l'offensive contre la cigarette. « Une cigarette qui peut effectivement avoir des suites fâcheuses, dit-il en dessinant un condamné à mort, surtout si c'est la dernière. »

Pour illustrer les difficultés de l'union de la gauche, il montre deux manifestants portant une banderole « Unité d'action »... mais ils marchent en sens contraire.

L'humour grinçant de Piem s'exprime aussi dans le reportage qu'il a ramené de Verdun, ville martyre de la

Grande Guerre. Il y a rencontré un confiseur qui fabrique des obus en chocolat remplis de dragées ! Des obus « explosables », munis d'une charge de poudre reliée à une mèche qu'on allume joyeusement à la fin des repas de baptême ou de mariage, ou des banquets d'anciens combattants. Et boum ! Les dragées fusent sur la table.

Piem, choqué, tente de lui faire ressentir ce que la plaisanterie peut avoir d'indécent dans une ville où les combats d'artillerie ont fait tant de morts, mais le confiseur, très fier de son invention, ne semble pas comprendre. Où sont les limites de l'humour ?...

Tout au bout de la table, j'en suis au moins à ma troisième ou quatrième cigarette. J'ai beaucoup ri, parce que je suis bon public et que je découvre l'émission comme n'importe quel téléspectateur, mais je n'ai pas pipé mot, depuis le début. Quand Jacques se tourne vers moi pour lancer mon sujet, j'ai le cœur qui bat la chamade. Je n'ai pas de raison d'être inquiet, pourtant. Je sais que mon premier reportage pour la télé a eu l'heur de plaire au rédacteur en chef.

C'est le portrait d'une pharmacienne, Mlle Ehrhart, qui dirige la fanfare de son village, Jouy-le-Châtel (Seine-et-Marne), et qui est habitée d'une véritable passion pour le tambour. Dès qu'elle a un moment, entre deux clients, elle s'isole dans son arrière-boutique pour en jouer. Mais un voisin, insensible à ce genre de musique, ayant porté plainte pour tapage intempestif, elle est désormais obligée de s'entraîner sur un « silencieux », c'est-à-dire une planche ronde recouverte d'une peau de tambour, qu'elle a confectionnée elle-même, pour amortir les sons.

Voilà l'histoire qu'elle raconte, de sa petite voix chevrotante. Puis elle interprète la chanson que lui ont inspirée ces démêlés : *La Complainte du pharmacien devenu tambour-major*, à la fin de laquelle elle conseille au voisin acariâtre de venir acheter des boules Quiès à la pharmacie.

Adorable Mlle Ehrhart !

Un test de liberté

Ouf, c'est fini ! Mené de main de maître par un Jacques Martin qui a vite retrouvé son sens de l'improvisation et son autorité naturelle, après les hésitations initiales, ce premier numéro du *Petit Rapporteur* ne s'est finalement pas trop mal passé, nous semble-t-il. Jacques a l'air satisfait, d'ailleurs, et les « huiles » de TF1, venues assister à la naissance du bébé, nous félicitent. Ça fait toujours plaisir. Mais nous sommes loin d'imaginer le retentissement qu'a eu l'émission chez les téléspectateurs.

Les premières réactions sont venues de la presse. *Le Monde* salue ce « journal de la saine insolence ». Dans l'hebdomadaire *Télérama*, l'historien Claude Manceron laisse libre cours à son enthousiasme :

À dimanche… peut-être !

« Une première étincelante sur la Une, le dimanche 19 janvier à 13 h 20 : celle de Jacques Martin dans *Le Petit Rapporteur*. Il retrouve et rajeunit la tradition des grandes revues de cabaret, en se montrant à la fois impitoyable et complice pour telle ou telle incarnation de la comédie humaine, épinglée çà et là au coin de l'actualité et frappée sous nos yeux dans une séquence toute chaude.

Il a su s'entourer d'une équipe à son diapason : à cheval entre l'humour et la cruauté. Piem, Stéphane Collaro, Robert Lassus, Pierre Bonte nous aident à nous venger de toute tristesse par le sel et le feu. Émission à ne pas manquer si l'on veut être de bonne humeur le dimanche après-midi. Son maintien sur les ondes sera un test de liberté. »

Le ton de l'émission était en effet d'une liberté et d'une impertinence qui n'entraient pas dans les usages de la télévision et qui pouvaient laisser craindre une brutale intervention du pouvoir politique auprès de la direction de la chaîne. Jacques Martin en était bien conscient. Avant de lancer le générique de fin, il avait d'ailleurs prononcé une petite phrase qui deviendra récurrente : « À dimanche… peut-être ! »

Bernard Lion m'a assuré qu'il était l'auteur de cette formule : « J'ai dit à Jacques : ça va leur couper l'herbe sous le pied. On sera peut-être virés quand même, mais au moins tout le monde saura pourquoi. » Malin comme il était, Jacques savait aussi qu'en laissant planer cette incertitude au-dessus de nos têtes, il allait attiser l'attente des téléspectateurs et donner à notre rendez-vous un piment supplémentaire.

« *Petit Rapporteur* deviendra grand, nous écrit ce jour-là un téléspectateur, pourvu que gouvernement lui prête vie... »

En fait, ce qui a sauvé la vie de l'émission, selon son réalisateur, Jean-Pierre Manquillet, c'est son succès fulgurant. « Quand Bernard Lion, dont j'avais été l'assistant, m'a proposé de le rejoindre sur le projet du *Petit Rapporteur*, se souvient-il, je travaillais sur le journal télévisé de Roger Gicquel. Il m'avait alors prévenu que je prenais un risque en quittant le JT, qu'on allait peut-être se faire jeter au bout de deux ou trois dimanches... Mais après le premier numéro – qui avait eu une audience assez faible – le bouche à oreille a été si rapide et si favorable que dès la troisième semaine, il était devenu impossible pour la chaîne d'arrêter l'émission sans créer un énorme scandale. C'était trop tard. »

Entre-temps, l'audience était en effet passée de 10 à 33 %, en dépit d'une diffusion en noir et blanc qui nous handicapait par rapport à Antenne 2, la chaîne en couleurs*. Et la presse, de droite comme de gauche, continuait à nous encenser.

---

* Nous utilisions de la pellicule couleur pour les tournages mais la diffusion est restée en noir et blanc jusqu'au 1er janvier 1976.

À dimanche... peut-être !

J'ai retrouvé ce billet de *L'Aurore*, sous la signature de Marie-Dominique Lancelot :

« Mon cher Jacques,
Je ne veux pas attendre plus longtemps, risquer de mourir idiote : votre *Petit Rapporteur* est un régal. Je vous ai parfois trouvé vulgaire, pesant, à force de vouloir nous soutirer des sourires, que dis-je, des rires. Mais là, vous êtes parfait. Vous avez su trouver les phrases, les situations, les idées justes. Votre imagination est fertile, sans faille. Votre esprit, vif, alerte. Les épithètes soudain me manquent... Merci, Jacques Martin ! »

Dans un article intitulé « Les contestataires du dimanche », *Le Figaro* ne tarissait pas d'éloges, lui non plus :
« Les séquences présentées par les journalistes que Jacques Martin a réunis autour de lui ne sont pas faites pour plaire à tout le monde. Souvent, elles égratignent les puissants du jour, bousculent les tabous, s'attaquent aux bastions apparemment inexpugnables de notre système. À la télévision, elles rendent un son nouveau...
Tout le succès du *Petit Rapporteur* tient dans un subtil équilibre entre l'impertinence, le toupet, la contestation, la recherche de l'effet comique et le mauvais goût. La marge de travail – tous le reconnaissent – est étroite. Et il faut inscrire au crédit des "petits rapporteurs" qu'ils ont le talent de s'y maintenir...

« C'était le bon temps ! »

Dans la grisaille de notre télé, l'émission dominicale de Jacques Martin et de ses complices réaffirme ce droit national imprescriptible de sourire des autres – et de soi-même. »

Qui aurait osé toucher à un « droit imprescriptible » ?

6

La fête à Valy

Quand on visionne, comme je l'ai fait récemment, les soixante-quatre numéros du *Petit Rapporteur*, on comprend mieux ce qui a pu, dès le départ, stupéfier et ravir à la fois les téléspectateurs aussi bien que les critiques. Jamais on n'avait osé brocarder un président de la République, à la télévision, comme se l'est permis Jacques Martin. D'autres sont allés bien plus loin, par la suite, mais pour l'époque, c'était littéralement inouï.

Chaque dimanche, ou presque, il se faisait épingler. Il faut dire qu'en cette première année de septennat, notre président est d'une activité débordante et fait tout pour occuper largement la scène médiatique. Il multiplie les déplacements, les initiatives spectaculaires. À tel point que Piem s'en énervera, un dimanche : « Il est partout ! Il n'y en a que pour lui dans la presse ! » (air connu), et suggérera, pour changer, de faire une émission sans parler de Giscard.

Lors du deuxième numéro, le 26 janvier, sa chaise et son guéridon sont toujours là, au bout de la table. Il est allé dîner quelques jours plus tôt chez un encadreur et Jacques lui répète qu'il sera le bienvenu chez nous. On lui a préparé deux œufs durs, cette fois, « parce que c'est la fin du mois ». Le dimanche suivant, comme c'est son anniversaire – il a quarante-neuf ans –, on lui offre un gâteau décoré d'une rose.

Ce n'est vraiment pas méchant, juste de la dérision, mais c'est le ton qui surprend. Jacques Martin s'adresse au président, à travers le petit écran, avec une familiarité et un franc-parler qui n'ont pas de précédent. Giscard voulait désacraliser la fonction ? Eh bien voilà, il est servi.

Comme le président poursuit sa série de dîners en s'invitant chez un routier, Jacques a une idée : le 20 avril, en ouvrant l'émission, il annonce le lancement d'une opération choc, « Une nuit avec vous » :

« À l'instar de Valéry qui s'invite chez les Français, l'équipe du *Petit Rapporteur* se propose de venir dormir chez les téléspectateurs, dit-il. Choisissez ! Avec Robert Lassus, ce sera une nuit d'humour, avec Pierre Bonte ce sera une nuit sur le Mont-Chauve, avec Piem, notre doyen, on ne sait jamais, il y aura peut-être une bonne surprise. Et puis pour celles qui ont des goûts un peu particuliers, je recommande Stéphane, surnommé "Gros Blair" à l'école. Alors mesdames, mesdemoiselles, n'hésitez pas, écrivez à "Une nuit avec vous", 36, rue des Alouettes, Paris 19e. »

Le plus drôle, c'est que nous avons reçu des réponses, certaines admiratrices de tous âges ayant pris la proposition au sérieux !

La Marseillaise d'Alger

Toujours pour se moquer de l'initiative du président, Jacques tourne une séquence où on le voit entrer chez des commerçants et, après les avoir poliment salués, aller directement se servir à l'étal. Il prend un gâteau dans une pâtisserie, il mange un boudin dans une charcuterie, une crevette chez le poissonnier, un fruit chez le marchand de primeurs... « Je fais comme Giscard, leur dit-il, je m'invite. Ça vous fait plaisir, hein ? » Puis s'adressant aux téléspectateurs, il leur conseille : « Dès lundi, faites comme moi. Invitez-vous chez vos commerçants ! »

Le même dimanche, Jacques diffuse un enregistrement sonore qui fait hurler de rire le studio 101. On y entend Giscard interpréter une vibrante *Marseillaise*, mais en chantant affreusement faux, à l'issue d'une réception intime à l'ambassade de France à Alger. La bande magnétique nous a été discrètement confiée par un reporter de RTL, Georges Penchenier, qui se trouvait là et qui a pensé que nous étions les seuls à pouvoir l'utiliser sans scrupule.

Pour enfoncer le clou, Jacques a chargé Robert Lassus d'aller faire écouter l'enregistrement au critique musical du *Figaro*, Bernard Gavoty, à Eddy Barclay, au professeur de chant de Mireille Mathieu, Mme Néré, et de recueillir leur avis sur ce chanteur. Eddy Barclay se contente de lever les yeux au ciel, d'un air désespéré. Les autres font des réponses embarrassées.

« Quel conseil lui donneriez-vous ? demande finalement Lassus à Bernard Gavoty.

– De ne pas chanter », répond-il.

Puis à Mme Néré, qui tient un petit caniche dans les bras, Robert fait remarquer :

« Votre chien, lui, n'a pas l'air ému...

– Non, il est sourd. »

Voyage au pair

Le voyage du président à Alger a donné lieu à une autre séquence mémorable. « Pour économiser nos sous, déclare Jacques, le ministre des Finances, M. Fourcade, a eu une idée géniale : il a fait partir le président au pair. Il l'a échangé contre un petit Algérien. Si, si... Vous avez tous vu, au journal télévisé, M. Giscard d'Estaing descendre de l'avion à Alger. Eh bien, *Le Petit Rapporteur* va vous montrer en exclusivité l'arrivée en France du jeune Algérien. » Sur l'écran, on voit alors Collaro, sur une moto équipée d'un side-car, accueillir en gare d'Issy-les-Moulineaux un compère grimé et déguisé comme il se doit. Il l'emmène ensuite à travers les rues de Paris jusqu'à la porte de l'Élysée où, nous assure Stéphane, une chambre lui est réservée.

Le moment le plus fort, c'est celui où l'étrange équipage arrive devant les grilles du palais avec l'intention manifeste d'y pénétrer. Les gardes interviennent aussitôt pour le faire décamper, mais Stéphane résiste et parlemente : « Vous n'êtes pas au courant ? C'est le jeune Algérien que M. Fourcade a échangé contre le président. Demandez au concierge, il a une chambre à son nom. »

Au bout d'un moment, Stéphane finit par rebrousser chemin et arrête là son tournage. Mais l'incident n'était pas clos. « Je me suis aperçu, raconte-t-il, que j'étais suivi par une voiture de police. À un feu rouge, je suis descendu pour dire au chauffeur, en souriant :

"C'était une blague pour *Le Petit Rapporteur*, vous n'avez rien à craindre, vous pouvez me laisser partir. – Bon, d'accord, on vous laisse, a bougonné le policier. Mais n'y revenez plus !" »

Serait-il possible aujourd'hui de tourner, sans risque, une séquence comme celle-là ? Stéphane en doute. Les mesures de sécurité autour des bâtiments officiels étaient alors beaucoup moins sévères, ce qui a d'ailleurs permis aux équipes du *Petit Rapporteur* de réussir quelques coups fameux, comme la tournée des cabinets ministériels. Encore une idée de Stéphane, qui était allé filmer les toilettes de plusieurs ministères pour établir le classement des meilleurs « cabinets » ministériels...

Les chutes célèbres

La calvitie du président – tout comme la mienne – n'a pas échappé aux plaisanteries. « À quoi ressemblerait Giscard s'il avait des cheveux ? », s'interroge Robert Lassus qui retouche quelques photos, pour voir ce que ça donne, puis va interviewer le président de l'Amicale des sinistrés de la toiture.

On se gausse aussi de sa manière (un peu raide) de skier. Car le président est allé passer quelques jours de vacances à Courchevel, en février 1976, et il est malencontreusement tombé, au cours d'une descente, devant les caméras du JT. Cette chute sera souvent rediffusée dans l'émission, avec un succès comique sans cesse renouvelé, tout comme celle du président américain Gerald Ford à sa descente d'avion, ou celle d'Alain Poher ratant les dernières marches de la tribune du Sénat.

Le 25 avril 1976, Piem exerce son ironie sur les prénoms féminins de la famille Giscard, qui semblent tous avoir été puisés dans les livres de botanique : la présidente s'appelle Anne-Aymone, ses filles Jacinthe et Valérie-Anne. On le suit au Parc floral de Vincennes où il questionne le jardinier en chef sur les défauts et les vertus de l'anémone, de la valériane et de la jacinthe. Au final, il arrive à lui faire dire que la rose est une fleur bien plus belle, et qu'elle a beaucoup d'avenir...

Cette conclusion suscite la (fausse) indignation de Jacques qui accuse Piem d'utiliser l'émission pour exprimer ses idées politiques. Une façon, pour lui, de couper l'herbe sous le pied des téléspectateurs qui lui écrivent pour protester, justement, contre les propos, jugés tendancieux, de « ce dessinateur judéo-maçonnique payé par Moscou », accuse l'un d'eux..., « ce barbu aux allures d'instituteur radical-socialiste », grince un autre. Dans le courrier, Jacques se fait régulièrement traiter, quant à lui, de gauchiste ou de « sale petit juif adipeux et répugnant ». « Moi qui suis un cousin éloigné du cardinal Gerlier, archevêque de Lyon et primat des Gaules ! », réplique-t-il. Et c'était vrai.

Giscard s'énerve

À ma connaissance, un seul reportage a provoqué une réaction de l'Élysée. C'était à l'automne 1975, lors de la révolte des prostituées de Lyon, emmenées par Ulla. Pour attirer l'attention de l'opinion sur leur sort, elles avaient occupé plusieurs églises à Lyon, Marseille, Paris... Et Jacques avait évoqué l'affaire, une première fois, en installant dans un coin du studio trois figurants en soutane, assis par terre à côté de leur sac. « Vous voyez... Les prêtres, ne sachant plus où se réfugier, sont venus occuper le plateau du *Petit Rapporteur* ! », avait-il expliqué aux téléspectateurs.

Revenant sur le sujet, le 23 novembre, Jacques déclare que le président de la République s'est saisi de ce délicat problème des prostituées. Pour le prouver, il a suivi un sosie de Giscard enquêtant, à la nuit tombée, dans les rues chaudes de la capitale à bord d'une DS noire. La voiture s'arrête d'abord au rond-point des Champs-Élysées, « où il est question de prix et de salaires », commente-t-il, puis avenue Foch « où les tarifs sont prohibitifs », et rue Saint-Denis, « d'un accès plus facile pour les bourses moyennes ».

Alors que le sosie descend de voiture devant un hôtel borgne, Martin poursuit : « Monsieur le président a tenu également à visiter les lieux de travail des prostituées pour voir si les normes de sécurité étaient respectées. Ainsi a-t-il effectué plusieurs inspections, jusqu'à l'épuisement total de ses forces. Il est rentré chez lui très fatigué en empruntant le métro à la station Félix-Faure, l'un de ses glorieux devanciers, pieusement décédé comme chacun sait. »

C'est un sujet auquel le président devait être très sensible car, dès le lendemain, Jean-Louis Guillaud a reçu un coup de téléphone de l'Élysée qui exprimait l'indignation de la famille du chef de l'État et qui enjoignait la direction de TF1 de veiller à ce que ce genre de dérapage ne se reproduise plus.

Si l'on excepte cette intervention, il faut donner acte à Valéry Giscard d'Estaing qu'il s'est montré d'une tolérance et d'une discrétion louables pendant les dix-huit mois qu'a durés l'émission. Bernard Lion, le coproducteur, qui avait le rôle ingrat de « faire tampon » entre la direction et Jacques Martin chaque fois qu'un reportage ou une déclaration suscitait des protestations, me l'a récemment affirmé.

Dans les premiers mois, lors d'un séminaire du gouvernement au château de Rambouillet, il aurait même dit à ses ministres que l'émission l'amusait... tout en leur déconseillant d'y participer.

En janvier 1976, en revanche, *Paris-Match* nous apprend que « *Le Petit Rapporteur* ne fait plus rire Giscard, pour qui l'émission ne donne pas de la France l'image de dignité nécessaire ».

« Je ne comprends pas que le président puisse tenir de tels propos, s'étonne Jacques Martin, le dimanche suivant, en descendant les Champs-Élysées avec Stéphane. Comment peut-on dire que nous manquons de dignité ? » Et l'on s'aperçoit, quand le plan s'élargit, qu'ils se promènent sans pantalon...

La sortie du tunnel

Quelques ministres se sont également trouvés dans le champ de tir du *Petit Rapporteur*. Le plus souvent brocardé : « Picsou », autrement dit Jean-Pierre Fourcade, le ministre des Finances, qui était toujours coiffé en brosse. Jacques en a fait une marionnette en renversant simplement un balai-brosse sur lequel il a fixé une paire de lunettes et un nœud papillon pour compléter le portrait. Il déambule dans la rue en la tenant à bout de bras et interpelle les passants : « Je vous présente M. Fourcade. Dites-lui bonjour. Vous n'avez pas de réclamations à lui faire ? » Il ajoute : « Il a un avantage, celui-là. Vous le retournez, vous lui mettez une serpillière et vous pouvez faire le ménage ! »

Le ministre de l'Intérieur, Michel Poniatowski, dont le patronyme a donné lieu à un micro-trottoir hilarant où l'on demandait aux passants d'épeler son nom, se fait épingler parce qu'il a déclaré : « Je ne veux pas être Zorro ni Tarzan, je veux être Tintin. » Robert Lassus fait mine de s'inquiéter : « Ce grand garçon de cinquante-trois ans, père de famille... Est-ce bien normal ? » Il va voir Ménie Grégoire, surnommée par Jacques « le Jules Verne de la quéquette », et, sans citer le ministre, lui demande ce que cache ce fantasme. « Tintin est un héros asexué mais invulnérable, explique-t-elle. Cela révèle un homme fatigué de ses responsabilités, qui a peur de quelque chose. »

Une autre phrase, devenue célèbre, a été saluée comme elle le méritait, c'est-à-dire par un grand éclat de rire : « Nous sommes repartis sur une nouvelle voie. Nous apercevons maintenant la sortie du tunnel », a affirmé le premier ministre, Jacques Chirac, en septembre 1975. Pour démontrer l'inanité du propos, Piem se rend au tunnel de Saint-Cloud, qui est en travaux, et demande au chef de chantier s'il peut lui montrer la sortie du tunnel.

« Il n'y a pas d'entrée ni de sortie, répond-il. Ça dépend dans quel sens on va ! »

« L'illustre Raymond Devos n'aurait pas mieux fait », conclut Jacques.

On a ici la parfaite illustration d'un autre procédé fréquemment utilisé par *Le Petit Rapporteur*. Il consiste à prendre au pied de la lettre les titres des journaux ou les phrases d'un discours pour obtenir un effet comique. Les exemples abondent : quand un quotidien parle de la « guerre entre les chaînes de TV », on voit MM. Guillaud et Jullian en tenue léopard, coiffés d'un casque et tirant le canon. Et quand un député déplore que le parti de la majorité manque d'un ténor, on va tester le timbre de voix de quelques jeunes politiciens.

16 novembre 1975. Les journaux affirment qu'entre M. Jean Lecanuet, maire de Rouen et garde des Sceaux, et M. Poniatowski, les relations sont très mauvaises. Ils signalent aussi que Rouen suffoque dans une odeur d'œuf pourri. Daniel Prévost se rend aussitôt sur place pour enquêter. Le nez pincé par une épingle à linge, il se promène dans la ville et interroge des Rouennais pour essayer de leur faire dire que cette odeur pestilentielle vient de leur maire, M. Lecanuet... ce qui expliquerait que M. Poniatowski ne puisse pas le sentir ! Il n'y parvient pas, malgré sa lourde insistance, mais il

arrive à faire rire le public avec sa dernière question à une passante : « Vous savez que M. Lecanuet est le garde des Sceaux. Est-ce qu'il les rince souvent ? »

On dira que c'est de l'humour un peu facile mais, comme Jacques le reconnaîtra plus tard, dans une interview : « *Le Petit Rapporteur*, ce n'était pas tous les dimanches du Shakespeare ou du Molière, il y a des jours où ça loupait, mais il y a des jours où c'était formidable. »

La secrétaire d'État à la Condition féminine, Françoise Giroud, a été relativement épargnée par l'émission. Cela tient sans doute à la gêne que Jacques éprouvait vis-à-vis des femmes, comme je l'explique plus loin. Il n'a pas manqué de rappeler, cependant, qu'elle avait écrit les paroles d'une chanson à succès, *Le Petit Chaperon Rouge*, sur une musique de Loulou Gasté, et pour que chacun puisse apprécier la haute tenue littéraire de ce texte, il l'a fait lire par Daniel Gélin :

Le Petit Chaperon Rouge
Trottinait dans les grands bois
Quand soudain une ombre bouge,
C'est un loup, un gros loup à l'œil sournois.
Il se dit en voyant la gamine
J'ai besoin de vitamines
Je vais faire un bon petit repas froid.
Tire, tire, tire la chevillette !
Tire et la bobinette cherra !

70

Sur quoi il nous a invités à chanter avec lui ce petit chef-d'œuvre, pour procurer quelques droits d'auteur à la secrétaire d'État.

Le mariage de Bigeard

Au hit-parade des personnalités politiques les plus souvent citées, l'une des premières places revient au général Bigeard, nommé secrétaire d'État auprès du ministre de la Défense, chargé de la Condition militaire, en janvier 1975, pour tenter d'apaiser le malaise de l'armée. Une de ses « saillies » a été reprise par tous les journaux : « Il faut marier Arlette Laguillier avec un para. Après, tout ira mieux. »

Et pourquoi pas lui faire épouser Bigeard ? se dit Piem qui, dans un sketch, met en scène le mariage d'Arlette et du général, sur la musique de la *Marche des Paras*. Bigeard porte son uniforme, couvert de médailles où s'inscrivent des noms de femmes :

Gisèle, campagne d'Indochine.

Martine, campagne d'Algérie.

Arlette, retraite de 1976.

Arrivé dans la chambre à coucher, il sort sa mitraillette et, d'une rafale, dessine un cœur dans le bois du lit. Puis on le voit sauter sur la mariée avec un grand cri, son parachute sur le dos.

71

Avec le recul, je me dis que le seul membre du gouvernement qui aurait eu des raisons de nous en vouloir, c'est le ministre des Affaires étrangères, M. Sauvagnargues, à qui nous avons fait une réputation d'alcoolique. Lors d'une intervention à l'Assemblée nationale, il avait lamentablement bafouillé, incapable d'articuler certains mots, comme s'il était dans un état d'ébriété, et nous avions diffusé cet enregistrement. Après cela, à tout propos, Jacques ou Stéphane se permettait de lourdes allusions à son penchant pour la boisson, lui faisant porter des bouteilles de vin rouge à l'occasion du Nouvel An ou l'invitant à trinquer avec nous. Mais, que je sache, il a supporté ces sarcasmes sans regimber.

Jusqu'où pouvait-on aller dans l'impertinence et l'irrévérence ? C'était toute la question. Jacques marchait sur un fil. Il jouait constamment avec les limites du tolérable (pour l'époque), en essayant de les repousser toujours un peu plus, mais il devait tenir compte à la fois de son public et de sa direction, qui lui donnait régulièrement des consignes de prudence.

Le public n'était pas prêt à tout entendre. Il se régalait des audaces de l'émission, ou il les pardonnait, c'est selon, mais quel était son seuil de tolérance ? Personne n'avait la réponse.

À ma connaissance, Jacques n'a pratiqué l'autocensure qu'à deux reprises.

En 1975, il a fait effectuer des coupes dans un reportage de Piem qui s'en prenait à la fois à Giscard et à Jacques Chirac, son premier ministre. Chirac venait d'être fait « sapeur-pompier d'honneur » en Corrèze. Giscard, de son côté, venait de décider que le 8 mai ne serait plus un jour férié, ce qui avait allumé la colère des anciens combattants. « Voilà un foyer d'incendie dont notre nouveau soldat du feu va pouvoir s'occuper », a pensé Piem. Associant les deux informations, il avait donc filmé un sosie de Chirac en tenue de sapeur-pompier qui arrivait à l'Arc de triomphe avec son casque rempli d'eau. On le voyait s'approcher de la flamme du Soldat inconnu, où brûlait une feuille de calendrier portant la date du 8 mai, et il tentait de l'éteindre… Tout un symbole ! Mais le tournage s'était mal passé. Le gardien de la flamme, furieux qu'on osât profaner cet espace sacré, était intervenu. Il avait appelé la police et Piem avait été embarqué au commissariat du 8ᵉ arrondissement, celui du Grand Palais.

« Ça me rappelle des souvenirs, avait-il dit aux agents. Je suis déjà venu ici en mai 1944 quand j'ai été arrêté par la police française. »

L'affaire était remontée très haut, jusqu'à l'hôtel Matignon. Chirac aurait lui-même téléphoné à Jacques qui, finalement, après avoir traité Piem de « gauchiste irresponsable », a décidé de censurer cette séquence.

À la fin de la même année, le magazine *Le Point* a prétendu que Jacques Martin avait subi des pressions pour ne pas diffuser une interview du général Bigeard réalisée par Pierre Desproges dans le style qu'on lui connaît. Pierre s'était présenté à lui comme un journaliste de la rédaction de TF1 venu l'interroger sur le malaise de l'armée, sujet très sensible à l'époque. Mais entre deux questions sérieuses, il profitait sans vergogne de la situation pour demander au ministre un petit coup de pouce en faveur de son neveu : « Il habite Neuilly et il fait son service militaire à Vincennes. Dix stations de métro, c'est quand même beaucoup, mon général ! Vous ne pourriez pas le rapprocher ? »

L'interview, effectivement, n'a pas été diffusée mais Jacques s'en est expliqué à l'antenne, en démentant toute censure : « C'est moi qui ai décidé de ne pas la passer parce qu'elle n'était pas drôle. C'est ma responsabilité de rédacteur en chef. S'il y a une censure un jour, je vous le dirai, je vous le promets. »

Le scénario, selon le réalisateur Jean-Pierre Manquillet, est assez différent. Quand l'équipe de tournage a quitté le ministère, après l'interview, un planton a reconnu Desproges et a alerté le chef de cabinet : « C'est une équipe du *Petit Rapporteur* ! » Furieux de s'être laissé piéger, le général a demandé à son épouse d'intervenir. La veille de l'émission, celle-ci a téléphoné à Jacques, en faisant valoir que le général était effondré, qu'il avait conscience que ce reportage allait le ridiculiser aux yeux de tous les Français, et elle l'a adjuré, en pleurs, de ne pas le diffuser. « Desproges a tenté de sauver son reportage, m'a confirmé le monteur, Jean-Luc Prévost. Il a dit à Jacques : "Tu ne vas pas faire preuve d'humanité avec un mec qui a torturé en Algérie !" » Mais Jacques a finalement cédé aux supplications de la générale. Elle l'avait eu « au sentiment »...

Jacques a reconnu, par ailleurs, avoir refusé de passer une interview d'Alain Mimoun, le champion olympique de marathon aux Jeux de Melbourne, qui vivait dans le souvenir figé de ses exploits militaires et sportifs, parce que les questions du journaliste, estimait-il, étaient d'une cruauté excessive. Il lui semblait trop facile de faire rire d'un homme dont la naïveté autant que la sincérité étaient avérées.

Adieu Valy !

Bon gré mal gré, les politiques nous ont bien aidés, en tout cas, à réaliser cette émission. Aussi, pour le dernier numéro du *Petit Rapporteur*, le 26 juin 1976, Jacques Martin, reconnaissant, leur a dédié une petite chanson, sur une musique de Jacques Brel. Il l'a griffonnée rapidement, comme à son habitude, sur un coin de table, avec cette facilité qui m'épatait, et nous sommes allés l'interpréter, à la façon des chanteurs de rue, sous leurs fenêtres.

« C'était le bon temps ! »

Devant l'Élysée, d'abord :

Adieu Valy, on t'aimait bien,
C'est dur de te quitter comme ça, tu sais,
Je sens que tu vas nous manquer
Car pour faire rire à la télé,
Tu étais notre préféré.

Refrain :

J'veux qu'on rie, j'veux qu'on danse
Mais j'veux surtout pas qu'on pleure
J'veux qu'on rie, j'veux qu'on danse
À la fin du « P'tit Rapporteur ».

Devant l'hôtel Matignon :

Adieu Chirac, on t'aimait bien,
C'est dur de te quitter comme ça, tu sais,
Car avec tes grands airs sérieux,
On n'pourra jamais trouver mieux
Pour faire rire les Français.

Devant le ministère de l'Intérieur :

Adieu Ponia, on t'aimait bien,
C'est dur de te quitter comme ça, tu sais,
Chaque semaine on t'a plaisanté,
Mais on ne s'inquiète pas pour toi
Car on sait qu'tu as d'l'estomac.

La fête à Valy

Devant le ministère des Finances :

Adieu Fourcade, on t'aimait bien,
C'est dur de te quitter comme ça, tu sais,
Mais on ne t'oubliera jamais
Tu resteras la marionnette,
Un balai-brosse et des lunettes.

Et enfin devant le ministère des Armées :

Adieu Bigeard, on t'aimait bien,
C'est dur de te quitter comme ça, tu sais,
T'étais le seul vraiment marrant,
C'est sûr qu'on va te regretter
Presqu'autant qu'Arlette Laguillier.

J'veux qu'on rie, j'veux qu'on danse,
Mais j'veux surtout pas qu'on pleure,
J'veux qu'on rie, j'veux qu'on danse
À la fin du « P'tit Rapporteur ».

7

À la pêche aux moules

Tout à la fin de la première émission du *Petit Rapporteur*, après le reportage détonant de Piem sur les obus en chocolat de Verdun, Jacques Martin avait tenté de faire exploser devant le public l'un de ces engins rempli de dragées. Après avoir allumé la mèche, il nous fait un signal, et nous avons tous plongé sous le bureau en nous bouchant les oreilles.

On assistait au premier gag collectif du *Petit Rapporteur*. Alors que nous étions restés sagement assis à notre place pendant quarante-cinq minutes, brusquement le plateau s'est animé. La « bande à Martin » se mettait à exister. À compter de ce jour, Jacques n'a plus cessé de nous faire jouer. Chaque semaine, il s'est ingénié à créer des situations qui nous obligeaient à réagir ou qui nous conduisaient à chahuter ensemble. Déguisements, chansons, plaisanteries plus ou moins stupides, tout lui était bon.

Je crois que le succès du *Petit Rapporteur* a tenu pour une grande part à cette ambiance joyeuse et bon enfant qui régnait sur le plateau. Le dimanche, installés à table, les téléspectateurs retrouvaient avant tout une équipe de copains dont ils auraient bien aimé faire partie et dont ils se sentaient proches. Des copains délurés qui bousculaient les conventions, se marraient pour des histoires idiotes, tapaient allégrement sur les politiques et les nantis, tout en se charriant les uns les autres. Ça réveillait en eux des souvenirs de collège ou de chambrée de régiment. Le bon temps, quoi... C'est là qu'était la vraie nouveauté : « Pour la première fois, on avait l'impression que des gens s'amusaient à faire de la télé », m'a dit un ancien fan de l'émission.

Qu'en était-il en réalité ?

En vérité, chacun de nous a vécu l'émission de manière singulière et en a gardé un souvenir différent.

Pour définir notre groupe, Piem, avec son ironie grinçante, se réfère au célèbre tableau de la Cène : « Il y avait Dieu et ses apôtres, prétend-il. C'est-à-dire qu'il y avait Jacques, qui trônait au milieu de nous, légèrement surélevé – en recourant parfois à des bottins pour mieux assurer sa prééminence – et de part et d'autre, le regard tourné vers lui, nous écoutions sa parole, en attendant qu'il veuille bien nous la donner. »

La comparaison n'est pas tout à fait fausse. Personnellement, cette posture de disciple du maître ne m'a jamais gêné mais certains de mes collègues, à l'ego plus développé, ont pu souffrir de la propension de Jacques à vouloir constamment se mettre en avant, à monopo-

liser la caméra et à faire en sorte d'avoir toujours le dernier mot. Je me souviens qu'un dimanche, alors que les
sondages avaient révélé un nouveau pic d'audience, Jacques a montré fièrement aux téléspectateurs la couver-
ture de *Paris-Match*, où il figurait en gros plan, sur fond
bleu, dans le décor du studio.

« Et nous, on est où ? lui lança Piem, en tirant rageusement sur sa pipe.

– Dans le bleu », répondit Jacques, que l'on a vu,
pour une fois, décontenancé.

Il était comme ça Piem, et il n'a pas changé. Râleur,
irritable...

Je préfère quant à moi comparer notre petite troupe
à celle de *Blanche-Neige et les Sept Nains*... Piem, c'était
Grincheux évidemment. Il tenait le rôle à la perfection.
Sans effort, Collaro, c'était Joyeux. Moi, j'étais
Timide... Chacun de nous avait son caractère particulier, dont Jacques (Blanche Neige) s'attachait à grossir
les traits à la moindre occasion. Comme dans les bandes
dessinées à succès du type *Les Pieds Nickelés*.

Des roses sans épines

Pour agacer Piem et accuser son caractère grincheux,
il ne cessait de le taquiner sur son âge (cinquante et un
ans !), qui faisait de lui le doyen de l'équipe. Il l'appelait

« pépère », ou « papy », ou « l'ancêtre »... ou encore
« notre monument historique ».

Plus Piem se rebellait, plus Jacques en rajoutait : « Et
quand on pense que c'est le plus jeune du *Figaro* ! » Un
jour, il menace de le mettre en maison de retraite. Un
autre, il lui avance un fauteuil à roulettes, à la fin de sa
« Petite Semaine », pour le ramener charitablement à sa
place. Quand il nous présentait, au début de l'émission,
il lui réservait des formules de ce genre : « Il est ombra-
geux, coléreux, c'est sans doute dû au retour d'âge...
Mais on n'a pas mieux, on ne pourra pas le renouveler
avant le prochain salon des dessinateurs humoristiques. »

Toujours pour le provoquer, il l'appelait aussi « Piem
le fortuné », ou « le châtelain socialiste » parce qu'il possède en Touraine un joli manoir, entouré d'un parc de
trois hectares, dont Jacques parlait toujours comme
d'un somptueux château.

« Il possède la moitié de la Charente et les deux tiers
de la Sarthe, osa-t-il affirmer, dans un grand délire.

– Vous êtes jaloux ? répliqua Piem.

– Pas du tout, mais vous auriez pu nous autoriser à
camper la semaine dernière quand on y est allés ! »

Ces échanges aigres-doux faisaient la joie du public et
ravissaient Jacques Martin qui, à la télévision, a toujours eu besoin de têtes de Turcs complaisantes pour
déployer son humour moqueur.

Piem, en revanche, était réellement excédé quelquefois. Un dimanche, on l'a vu lire ostensiblement son
journal, pendant l'émission, pipe au bec, pour manifes-

ter son indifférence. Mais bon, cela faisait aussi partie du jeu. C'était « pour rire ».

Leurs relations ont failli s'aggraver au mois de mai. Invité à participer à l'émission *Dix de Der*, de Philippe Bouvard, sur la chaîne concurrente, Piem n'avait pu s'empêcher d'envoyer quelques flèches à Jacques. Exemple :

« Ça doit vous rapporter beaucoup d'argent, *Le Petit Rapporteur* ? lui avait glissé Bouvard.

– Beaucoup moins qu'à Jacques Martin », avait répondu Piem.

Selon Pierre, c'est Jean Nohain qui aurait joué les vilains rapporteurs auprès de Jacques. Il lui aurait aussitôt téléphoné sur un ton indigné : « Tu as entendu ? Piem t'a débiné chez Bouvard ! »

Le lundi, lors de notre conférence de rédaction hebdomadaire, Piem a vu passer l'orage. Devant toute l'équipe, Jacques lui a fait une scène de colère qui, compte tenu de leurs caractères respectifs, aurait pu se terminer par une rupture. Mais Piem, qui regrettait déjà ses propos, a préféré faire le dos rond et le lendemain, en guise d'excuses, il a eu un joli geste : il a envoyé à Danièle Évenou, la compagne de Jacques, une énorme gerbe de roses dont toutes les épines avaient été enlevées et enfermées dans une petite boîte en argent, jointe au bouquet.

Jacques et Danièle ont été touchés. Ils ont répondu en invitant Piem à dîner et tout s'est arrangé.

Je précise au passage que la réflexion de Piem à propos de nos salaires était injustifiée. Chacun des chroniqueurs percevait mille cinq cents francs par semaine tandis que, m'a assuré Bernard Lion, les deux coproducteurs avaient un cachet de cinq mille francs. L'écart de salaires n'était vraiment pas scandaleux. Surtout quand on connaît les sommes pharaoniques que s'octroient aujourd'hui les producteurs-présentateurs des grandes émissions de divertissement.

Le nez de Collaro

Toujours le premier à faire une bonne blague ou à sortir une grosse plaisanterie, Stéphane Collaro incarnait à merveille le personnage de Joyeux. Assis à sa droite, il était le faire-valoir préféré de Jacques qui lui avait fabriqué une image de gai luron, peu avantagé physiquement (prétendait-il) mais qui ne ratait jamais une occasion de boire un bon coup ou de rigoler avec les copains. La taille de son nez faisait l'objet d'allusions et de réflexions incessantes. Jacques a poussé la charge jusqu'à montrer le célèbre chameau qui figure sur la publicité des cigarettes Camel en demandant au public s'il ne lui trouvait pas une ressemblance troublante avec Stéphane. Une autre fois, traitant du sujet « Qu'est-ce qui fait rire ? », Jacques lit ce passage du livre d'Henri Bergson, *Le Rire* : « Il est incontestable que certaines difformités ont sur les autres le triste privilège de pouvoir dans certains cas provoquer le rire. » Et il désigne alors le nez de Stéphane, soulevant ainsi, effectivement, l'hilarité générale.

Mais celui-ci ne s'en est jamais formalisé. À l'ouverture du numéro de rentrée, le 21 septembre 1975, il s'est même prêté à un gag. Il est apparu à l'antenne avec un énorme pansement sur le visage, en expliquant que, fatigué par les quolibets de Jacques, il avait profité des vacances pour se faire refaire le nez. « Ça tombe bien, ajouta-t-il, parce que c'est justement le jour où le chirurgien m'a permis d'enlever mes bandages. Dites-moi franchement ce que vous en pensez. » Il se débarrasse alors du pseudo-pansement, et subit, bien entendu, une nouvelle avalanche de moqueries...

Timide, Bonte ? Oui, je l'étais, et là encore Jacques a joué de ce trait de caractère, comme de ma calvitie, pour peaufiner mon personnage, en même temps que pour amuser la galerie. Il me mettait, en direct, dans des situations qui allaient immanquablement me gêner.

Cette semaine-là, je me souviens, Frank Sinatra devait se produire à Paris mais les places étaient abominablement chères car le chanteur avait demandé un cachet de huit cent mille francs. « Nous, on vous offre Pierre Bonte gratuitement, a annoncé Jacques. Il a une voix superbe, lui aussi. » Et il m'a brusquement demandé de me lever pour faire le crooner sur le playback d'une chanson de Sinatra, *Stranger in the Night*.

Il savait que j'avais horreur d'être ainsi mis en avant, de faire le zouave ou de me déguiser. Mais j'étais bien obligé de suivre le mouvement.

L'un de ses plaisirs, par exemple, était de nous faire apparaître, en début d'émission, dans des accoutrements plus ou moins farfelus, en fonction de l'actualité. On est arrivés en tenue de footballeurs de l'AS Saint-Étienne, tout en tapotant un ballon, à l'occasion d'une finale européenne à laquelle participaient les Verts. Un 15 février, date fatidique pour les contribuables salariés, il a insisté pour qu'on se présente à l'antenne en tricot de corps, dans un « marcel » blanc. « L'équipe du *Petit Rapporteur* est fière d'avoir acquitté son tiers provisionnel ! », a déclaré Jacques pour expliquer notre tenue dépouillée.

Sous ses ordres, on s'est livré à une séance de maniement d'arme avec un fusil, comme au régiment. On a aussi coiffé un casque de pompier, un bonnet de coton, une charlotte... Et puis on nous a vus, à la veille de Noël, agenouillés sur la table, les mains jointes, en train de chanter *Petit Papa Noël*, tandis que nos souliers étaient disposés au pied de l'arbre.

Nous aurions pu être ridicules. J'avoue que j'ai cru l'être, parfois. Mais non, Martin parvenait à faire tout accepter d'un public qui nous avait adoptés et qui nous aimait comme ça, pas fiers, prêts à tout pour déclencher le rire sauf à viser en dessous de la ceinture. Jacques n'a jamais cédé à cette facilité. C'est un scrupule, d'ailleurs, dont les téléspectateurs de l'époque nous sont encore reconnaissants. « On riait de bon cœur, me disent-ils, parce que vous n'étiez pas grossiers ni graveleux. Elle a bien changé, la télévision ! »

La moulite

Pour souder une équipe, rien de tel que de la faire chanter en chœur. Vous voyez où je veux en venir... Le souvenir du *Petit Rapporteur* est très étroitement lié à celui de ces chansonnettes que Jacques nous a fait rabâcher sans pitié, jusqu'à saturation, et que la France entière a reprises dans un grand élan d'enthousiasme juvénile. Mystérieux phénomène qui nous a surpris et bientôt dépassés.

Le dimanche 5 octobre 1975, à cet égard, est une date historique. C'est le jour où, pour la première fois, nous avons chanté *La Pêche aux moules*. C'est le point de départ de cette épidémie galopante connue sous le nom de « moulite » ou de « moulomanie ».

À l'origine, il s'agissait d'un simple gag, pour se moquer du spot promotionnel de la Sécurité routière qui était diffusé, chaque dimanche, juste avant l'émission. On y voyait un groupe d'enfants traverser la route en chantant *La Pêche aux moules*, vieille chanson du folklore charentais. Assis à notre table, attendant que la régie nous envoie le générique de début, nous subissions donc chaque dimanche la même rengaine et nous

nous amusions, entre nous, à la fredonner, comme beaucoup de téléspectateurs devaient le faire chez eux. Le 5 octobre, quand nous avons pris l'antenne, Jacques Martin a eu l'idée saugrenue de nous faire reprendre la chanson. C'était une sorte de clin d'œil au public, et aussi une façon de montrer qu'on était en direct.

La plaisanterie aurait pu s'arrêter là. Mais dans la semaine, nous nous sommes aperçus qu'elle avait trouvé un écho formidable. Quand nous marchions dans la rue, quand nous entrions dans un café, il y avait toujours quelqu'un pour nous fredonner, la mine réjouie, les premières notes de *La Pêche aux moules*. Dans le courrier, les gens la réclamaient.

Le dimanche suivant, Jacques nous a donc demandé de la chanter à nouveau, en l'accompagnant d'une gestuelle très simpliste. Il nous a même fait enchaîner avec une autre comptine enfantine :

Moi j'aime papa, moi j'aime maman,
J'aime mon p'tit chat, mon p'tit chien, mon p'tit frère...

Puisqu'ils aiment ce genre de bêtises, a-t-il dû se dire...

Mais non, ce que les gens voulaient, c'était *La Pêche au moules* et rien d'autre !

Alors Jacques décide d'exploiter à fond le filon. Il lance un défi à Daniel Prévost : réussir à faire interpréter cette chanson de gosse par des personnalités réputées « sérieuses » de la classe politique ou du grand monde.

Daniel parvient à la faire chanter au très distingué duc de Brissac, qu'il était venu voir dans son château pour lui parler de chasse à courre. Puis il tente la même expérience auprès de différents députés, dans les couloirs de l'Assemblée nationale. Apparemment, ils n'ont pas encore été touchés par la moulite mais, avec son culot habituel, il leur apprend la chanson, comme à des gamins. Il rencontre ainsi Marc Bécam, député UDR du Finistère, qui tente de s'échapper mais qui, finalement, cède à la volonté de Daniel en justifiant : « Comme je représente le plus important quartier maritime de France, Le Guilvinec, je me sens concerné chaque fois que vous parlez de moules. » Alain Bonnet, député PS de la Dordogne, le prend en souriant, lui aussi, et s'exécute. L'ancien ministre Maurice Couve de Murville, en revanche, « notre grand comique national » (dixit Martin), à qui Daniel demande avec insistance de répéter les paroles après lui, décline courtoisement l'invitation. Mais il accepte de l'écouter.

Par la suite, chaque dimanche, le public aura droit à une version différente de la chanson. Enrico Macias viendra l'interpréter à la mode orientale en prétendant que c'est un air du folklore arabe. Yves Mourousi la fera jouer par la musique des Équipages de la Flotte, sur le *Jeanne-d'Arc*, devant un amiral et deux ministres visiblement surpris. Deux autres journalistes, Alain Trampoglieri et Gilbert Denoyan, nous enverront un enregistrement dans lequel des soldats de l'armée indienne chantent notre rengaine, en français et avec les gestes !

Les symptômes de la moulite s'accumulent : le pianiste de concert Gabriel Tacchino l'adapte et vient la jouer à la façon de Francis Poulenc. Le carillonneur de Saint-Amand-les-Eaux (Nord) la met à son répertoire. Et la France entière, toutes générations confondues, la chantonne en tous lieux : dans la rue, l'autobus, le métro, les cours de récréation, au bureau... Selon certains journaux, Valéry Giscard d'Estaing lui-même l'aurait interprétée au piano lors du Noël des enfants à l'Élysée, accompagné par Claude François.

On entend *La Pêche aux moules* jusque dans les manifs. Des grévistes ont défilé en la chantant, à Paris. Comme *La Carmagnole* en 1789 ! *Le Petit Rapporteur* lui a insufflé, inconsciemment, un peu de sa veine contestataire.

« Jacques Martin fait chanter la France », titre *Paris-Match*.

Devant l'ampleur du phénomène, Stéphane Collaro suggéra à Jacques Martin de nous faire enregistrer tous ensemble un 45 tours. « Tu es fou, lui répondit celui-ci. Qui va acheter ce genre de bêtise ? » Quinze jours plus tard, David Michel et Nestor le pingouin sortaient leur version de la chanson et en vendaient sept cent cinquante mille exemplaires, tandis que la SACEM voyait affluer les demandes d'adaptation ! Vexé de s'être fait voler son succès, Jacques a du moins obtenu des différents interprètes qu'ils reversent une partie de leurs droits au profit de la lutte contre le cancer. « Mais attention, a-t-il prévenu le public, seules les moules du *Petit Rapporteur* sont fraîches ! »

Certains d'entre nous, cependant, se lassaient de devoir entonner à tout bout de champ, à l'injonction du rédacteur en chef, la même ritournelle. Piem, en particulier, se montrait de plus en plus rétif. C'est pour essayer de mettre un terme à la moulite aiguë que le 16 novembre, sur une idée de Pierre Desproges, Jacques a lancé le *Rapetipeta* :

Ra peti peta petipa petibus
Si t'es fatigué t'as qu'à prendre l'autobus.

Le principe était de sauter sur place tout en répétant de plus en plus vite la formule.

Tout a été mis en œuvre pour assurer la réussite de l'opération. À l'exemple de Prévost, Stéphane Collaro s'est introduit dans les salons de l'Assemblée nationale, à l'occasion du lancement du beaujolais nouveau, pour faire sautiller quelques députés, dont Edgar Faure. Le champion du monde de trampoline a accepté de s'entraîner, devant la caméra, sur le rythme du *Rapetipeta*. Mais les téléspectateurs ont mollement suivi. Il n'y a pas eu de « rapetite ».

« Je frappe au numéro un... »

Mam'zelle Angèle allait nous permettre de retrouver le chemin du succès... C'est Pierre Desproges, encore lui, qui a sorti de son chapeau cette chanson de marche issue du répertoire des scouts, dont il avait autrefois porté l'uniforme (dans la troupe de la paroisse de la Madeleine, à Paris). Jacques nous l'a aussitôt fait apprendre, en l'enrichissant, pareillement, d'une gestuelle assez simpliste, et, début janvier 1976, après avoir accueilli sur le plateau les Petits Chanteurs de Bondy qui ont, une dernière fois, interprété *Rapetipeta* et cette *Pêche aux moules* qui ne voulait pas mourir, Jacques s'est adressé au public :

« Vous vous demandez peut-être : pourra-t-on faire plus idiot en 1976 ? Eh bien oui, on a trouvé. »

Et c'est reparti pour la chorale du *Petit Rapporteur* qui attaque gaiement :

Je frappe au numéro 1, je d'mande Mam'zelle Angèle,
La concierge me répond : mais quel métier fait-elle ?
Elle fait des pantalons, des jupes et des jupons
Et des gilets de flanelle
Elle fait des pantalons, des jupes et des jupons
Et des bonnets de coton.
Ah Ah Ah Ah

À la pêche aux moules

Je ne connais pas ce genre de métier
Allez voir à côté !

Je frappe au numéro 2…

Jacques, fervent adepte du comique de répétition, en a usé et abusé, ce jour-là. J'ai compté : au total, nous avons demandé *Mam'zelle Angèle* quatorze fois, au cours de cette seule émission, sous des prétextes divers, en entraînant avec nous le public présent dans le studio 101. À le voir s'amuser et reprendre en chœur la chanson, Jacques a senti tout de suite qu'il tenait un nouveau « tube ». C'était la « scie » parfaite.

« Mais je vous préviens, a-t-il ajouté, les paroles et la musique ont été déposées. Je dis ça pour tous les pingouins ! »

Ce n'était pas une boutade. Prudent, il s'est empressé de nous faire enregistrer la chanson, avec le renfort, quand même, de quelques choristes professionnels. Le disque est sorti quelques semaines plus tard. Sur la jaquette, Jacques avait écrit ce texte de présentation qui parodiait le style des critiques musicaux :

« La cantate *Mademoiselle Angèle*, plus connue des mélomanes sous le nom de *L'Insoutenable*, est un des sommets de l'art commercialo-musical français. Dès les premières mesures, l'indigence du texte, la surprenante médiocrité de la musique, conjuguent leurs efforts pour empêcher le thème de se développer et pour le mainte-

93

nir volontairement au niveau de la rue, là même où il a pris naissance. »

« La cantate *Mademoiselle Angèle* est construite selon le même système musical que *Le Boléro* de Ravel, à savoir la répétition constante du thème jusqu'à l'exaspération de l'auditeur (*con exasperato*). Toutefois, l'auteur ne sombre pas dans la facilité d'une orchestration brillante et colorée dont Maurice Ravel avait, hélas, le secret. »

Le triomphe de « Mam'zelle Angèle »

Jacques ne s'était pas trompé. *Mam'zelle Angèle* a fait une carrière presque aussi brillante que *La Pêche aux moules*. Le journaliste Christian Brincourt l'a fait chanter à trois cents mètres sous la mer par les matelots du sous-marin *Le Redoutable*. À la demande de Jacques, le comédien américain Anthony Quinn a accepté de dire les paroles de la chanson, avec son délicieux accent, comme s'il racontait la première scène du film qu'il était en train de tourner. Effet comique garanti.

J'ai pu constater, au cours d'un de mes reportages, que la contagion avait gagné la France entière, jusqu'au moindre village. Alors que j'interviewais, devant sa ferme, une vieille agricultrice lorraine, la Louise, les enfants d'une école sont passés sur la route. Quand ils ont vu la caméra et su que c'était celle du *Petit Rapporteur*, ils ont spontanément entonné *Mam'zelle Angèle*, devant la

Louise, amusée, qui battait la mesure en tapant avec son bâton sur le capot de sa 4L bleue.

Cette scène, que nous avons filmée, a marqué la mémoire des téléspectateurs. D'autant que Jacques, après le reportage, a lancé un appel à la Régie Renault pour qu'elle envoie un capot neuf à la Louise « qui, on l'a vu, a une façon toute particulière d'affectionner son véhicule »... La direction de Renault, ravie de cette publicité gratuite, lui offrit carrément une autre voiture.

J'ai même présenté à l'antenne une vraie Mlle Angèle, qui habitait à Chartrier-Ferrière, en Corrèze, et dont un téléspectateur m'avait signalé le caractère pittoresque. Elle ne faisait pas de pantalons ni de bonnets de coton mais elle incarnait parfaitement la « vieille fille » de la campagne telle qu'on pouvait l'imaginer en écoutant la chanson.

Le succès suscitant toujours l'irritation des jaloux, Jacques connut néanmoins quelques ennuis à la sortie du 45 tours. À cause d'un autre rapporteur, beaucoup moins drôle... celui du budget de la Radio et de la Télévision à l'Assemblée nationale, Joël Le Tac, qui l'a quasiment accusé de s'enrichir sur le dos de TF1. Le député s'est publiquement indigné que Jacques Martin ait signé un contrat avec l'éditeur sans en référer à la direction de TF1, privant ainsi la chaîne de ses droits dérivés sur l'exploitation commerciale de la rengaine.

De la part de Jacques, c'était de la négligence. Son intérêt, au contraire, aurait été de s'associer avec la chaîne pour assurer la promotion du disque, dont les ventes furent en fin de compte assez décevantes. Dans *Paris-Match*, il répondit à Joël Le Tac sur son mode habituel : « Oui, *Le Petit Rapporteur* rapporte ! Voici l'inventaire complet des cadeaux que nous avons reçus sans les déclarer : environ quarante bouteilles de vin de 0,75 litres, huit boîtes de chocolat (déduire les honoraires du médecin pour les crises de foie), une boîte de conserve contenant de l'air pur des Vosges, des œufs de Pâques (cassés à l'arrivée), trois filets à crevettes, un pêcheur de moules en celluloïd, cinq poupées de style "Mademoiselle Angèle", un chapeau de contractuelle (provenance inconnue), deux éléphants roses tricotés au point mousse, quatre portraits d'admiratrices et cinq bonnets de coton. »

Il ajoutait : « Quand nous reprenons plusieurs fois de suite *Mam'zelle Angèle*, ce n'est pas pour les droits d'auteur, c'est parce qu'un sujet ne démarre pas au magnétoscope et qu'il faut faire patienter, voilà tout. » Et c'était souvent vrai. Pour lancer les séquences filmées, en effet, Jacques devait appuyer sur un bouton situé sous la table, qu'il était toujours en train de chercher, ou qu'il oubliait d'actionner à temps !

À la pêche aux moules

Le lancer de petits-suisses

Parmi les grosses bêtises inoubliables que nous avons commises ensemble, il faut citer aussi la partie de tennis-bouffe avec les petits-suisses. J'ai déjà dit que Jacques et Stéphane avaient une vieille complicité, qui s'était nouée au cours de vacances à Pornichet. À l'époque, avec leur bande de copains, ils prenaient plaisir à s'entraîner à un petit jeu très puéril qui consistait à placer un petit-suisse sur le dos de la main gauche puis, d'un coup sec de l'autre main sur le poignet, à l'envoyer directement dans la bouche grande ouverte. Ils étaient devenus très forts dans cet exercice et ne rataient jamais leur lancer.

L'idée leur est venue de reprendre ce jeu dans l'émission en lisant dans la presse que la commune de Montchauvet organisait un championnat de France des cracheurs de noyaux d'abricot ! Et pourquoi pas un championnat de France des lanceurs de petits-suisses ? se sont-ils dit. Un dimanche de mai, Stéphane est donc arrivé au studio chargé de munitions et il a annoncé, très sérieusement, la création de la Fédération nationale de lancer de petits-suisses. Jacques en a résumé le règlement puis, l'un après l'autre, ils ont offert au public enthousiaste une démonstration de leur savoir-faire. Sans bavure, ou presque. Mais quand ils nous ont mis au défi d'en faire autant, ce fut le début d'un grand moment de rigolade.

Après avoir enlevé sa veste et ses lunettes, Piem se met en position de lanceur, et hop !... Raté ! Le petit-suisse ne décolle pas. Daniel Prévost, lui, se déshabille jusqu'à la ceinture – ce qu'aucun animateur n'avait encore osé faire à la télévision – et, encouragé par Martin (« Admirez l'athlète ! ») et des supporters déchaînés, il tente à son tour l'exploit. Nouvel échec : le petit-suisse vient s'écraser sur son œil droit. Quant à moi, une serviette autour du cou, le front largement offert, je ne réussis qu'à le faire tomber sur mon pantalon.

C'était bien ce qu'espérait Jacques qui, comme à son habitude, ne nous avait prévenus de rien.

Il ne nous faisait jamais répéter, d'ailleurs, le dimanche matin, pour que nos réactions restent spontanées. En fonction des gags qu'il avait éventuellement prévus, il procédait simplement à quelques réglages techniques avec le réalisateur, Jean-Pierre Manquillet, afin que celui-ci puisse placer au mieux les trois seules et lourdes caméras dont il disposait, l'une étant dirigée en permanence sur Jacques. « Mais bien souvent, se rappelle Manquillet, il ne faisait pas les gags que nous avions préparés et en improvisait d'autres, ce qui semait la panique parmi les cadreurs ! »

À la fin de cette séquence, Jacques s'était directement adressé aux enfants : « Faites comme l'équipe du *Petit Rapporteur* ! Dès demain matin, à l'école, à la cantine, entraînez-vous pour le prochain Championnat de

France de lancer de petits-suisses ! » Ils ne le se sont pas fait dire deux fois… Le jeu s'est répandu à toute vitesse dans les cours de récréation. Comme pour *La Pêche aux moules*, Jacques et Stéphane se mirent alors à réfléchir à la manière de prolonger son succès.

Le cirque Jean Richard-Bouglione ayant planté son chapiteau à Paris, Collaro imagina de monter avec Daniel Prévost un numéro qui s'appellerait « Les Suissos » et qu'ils iraient présenter sur la piste. Un soir, les spectateurs du cirque eurent donc la surprise de voir débouler les deux compères, le corps gracieusement moulé dans un collant blanc et un slip léopard, une cape bleue sur les épaules, qui procédèrent devant eux à une série de lancers de petits-suisses vaguement acrobatiques… et systématiquement foireux. Soutenus par la musique qui accompagne rituellement les numéros périlleux, ils effectuèrent une première tentative grimpés sur un tabouret et une jambe en l'air, puis ils répétèrent l'opération montés sur le dos l'un de l'autre, et enfin, clou du spectacle, ils terminèrent par la bascule à petits-suisses : le petit-suisse est posé à l'extrémité d'une planche que l'artiste, à l'autre bout, fait basculer d'un coup de pied, pour envoyer le projectile dans sa bouche…

Sous les cris épouvantés des parents, ils sont ensuite entrés dans le public et ils ont distribué des petits-suisses aux enfants pour qu'ils puissent jouer pendant l'entracte !

Du potache dans le potage

Les gamins adoraient ces plaisanteries de potache, gentiment transgressives, qui permettaient au *Petit Rapporteur* de mobiliser toutes les générations, le dimanche, devant le téléviseur. Dans beaucoup de foyers, pour regarder plus tranquillement, pour ne rien louper, on avait changé les habitudes alimentaires : soit on se dépêchait de déjeuner avant 13 h 20, soit on attendait la fin de l'émission pour se mettre à table.

Dans les premiers mois de 1976, les chiffres d'audience se sont envolés. Un sondage réalisé en mars par la Sofres, à la demande de *Télé 7 Jours*, révèle qu'un Français sur deux nous regarde régulièrement. 92 % se déclarent satisfaits. 72 % aiment l'image des Français que donne l'émission. L'engouement est tel qu'un impresario propose à toute l'équipe de passer en première partie à l'Olympia ! Invitation déclinée, bien sûr.

Les chiffres de la Sofres stupéfient et « interpellent » le rédacteur en chef du journal *Le Monde*, Pierre Viansson-Ponté, l'homme qui avait pressenti Mai 68 en constatant que la France s'ennuyait. Cette fois-ci, dans un long éditorial, il essaie de comprendre pourquoi la France s'amuse autant en regardant *Le Petit Rapporteur* :

« L'émission régulière la plus regardée de la télévision, c'est *Le Petit Rapporteur*. Les sondages, les indices d'écoute le confirment : au moment où tire à sa fin le déjeuner dominical, ce rite de la vie familiale qui résiste mieux que bien d'autres à l'usure du temps, vingt-huit millions de Français en moyenne, selon les réalisateurs, s'en remettent à Jacques Martin et à ses cinq complices du soin de les distraire, pour trois quarts d'heure, de leurs soucis.

Or cette séquence hebdomadaire, si remarquable déjà par la seule étendue de son auditoire, au point qu'elle constitue un fait, un phénomène social, ne paraît pas avoir suscité encore l'attention et la curiosité des psychologues, sociologues et spécialistes des médias... Quel beau thème, pourtant !

On sourit ou l'on hausse les épaules. On rit de bon cœur ou avec un peu de gêne. On s'amuse ou l'on se choque. On déguste ou l'on ne comprend pas. À la limite, peu importe. L'écran, comme un miroir tendu, nous renvoie notre propre image puisque, si nombreux, des millions d'entre nous, tant bien que mal, se reconnaissent. »

Cette belle analyse a touché Jacques Martin, qui était en manque de reconnaissance de la part des milieux dits « intellectuels ». En continuant la lecture de l'article, toutefois, on s'apercevait que, si Pierre Viansson-Ponté regardait fidèlement *Le Petit Rapporteur*, il était loin d'en apprécier toutes les formes d'humour :

« On bande les yeux de deux journalistes [Piem et moi, en l'occurrence] pour qu'ils essaient chacun de

101

faire manger à l'autre un bol de crème au chocolat. Irrésistible !, ironise-t-il. Pour la Chandeleur, on fait sauter des crêpes à la gaze hydrophile. Marrant ! On peut aussi plaisanter à perte de vue sur les talents de Stéphane Collaro, médaille d'or de la meilleure descente, mais pas à Innsbruck – seize bouteilles de champagne en deux heures – qui est bien de chez nous, n'est-ce pas, puisqu'il déteste l'eau et qu'il est tout le temps bourré à mort. Ah ! Ah ! Ah ! »

Boire un petit coup...

Eh bien parlons-en de nos prétendus abus d'alcool. Les téléspectateurs, c'est vrai, nous ont souvent vus le verre à la main, mais pour Jacques, ce n'était qu'un moyen parmi d'autres de créer sur le plateau une ambiance conviviale. On riait ensemble, on jouait ensemble, on chantait ensemble... et on buvait un coup ensemble. Comme cela se passe partout entre bons copains. C'est pour cela que les Français s'identifiaient à nous. Mais à l'antenne, je peux en témoigner, aucun n'a jamais dépassé le stade de la dégustation. Il arrivait qu'avant le direct, quand nous en avions le temps, nous avalions en vitesse une assiette de charcuteries ou de viandes au bar de la Maison de la Radio, en l'accompagnant d'un ou deux verres de vin rouge, mais, j'insiste, nous étions trop conscients de nos responsabilités pour nous abandonner à la tentation.

Les premières bouteilles de vin, d'ailleurs, ne sont apparues sur notre table que dans l'émission du 30 mars 1975. Et c'était pour la bonne cause. La presse faisait état des difficultés des viticulteurs du Languedoc-Roussillon, qui n'arrivaient pas à écouler leur production. Plus de quatre cent mille d'entre eux avaient manifesté à Sète. « Nous allons les aider, a donc proclamé Jacques. Nous allons nous sacrifier pour les sauver. » Et entre chaque reportage, un sommelier est venu nous servir un verre des différentes appellations de la région : corbières, faugères, saint-chinian, minervois.

« Si chaque Français fait comme nous, calcula Jacques, le problème est résolu ! »

Les vignerons en crise lui surent tellement gré de son initiative qu'ils firent parvenir, les jours suivants, au siège de l'émission des dizaines de cartons de vin. « Le bureau ressemblait à une succursale de Nicolas », se souvient l'un des assistants, François Pradeau. Mais nous n'y avons pas touché car Jacques avait royalement décidé de les laisser à la disposition des laborieuses équipes de la production et de la réalisation.

La semaine suivante, *Le Figaro* publie un article sur les difficultés des brasseurs français : « La bière française en danger », titre-t-il. Proclamant que c'est son devoir de patriote, Jacques renouvelle donc son opération de sauvetage et nous invite à brandir une grande chope de bière en chantant : « Ein prosit ! »

« Mais c'est la dernière fois, jure-t-il. Imaginez que l'industrie pharmaceutique soit en danger et qu'on nous demande de sauver le suppositoire... »

Qui a bu boira. Désormais, toutes les occasions seront bonnes pour faire la promotion des vins de nos terroirs : le rivesaltes, la blanquette de Limoux, le chablis... L'arrivée du beaujolais nouveau, que les vignerons viennent fièrement nous faire déguster en plateau, donnera lieu à une séquence surréaliste où chacun de nous, pour se moquer des œnologues et des journalistes spécialisés, cherche le qualificatif idoine : « Ce beaujolais a du slip », dit Piem. « Il a du tabouret », contredit Prévost. « Il a du béret », juge Collaro. Le tour de table se termine par Desproges : « Il est mauvais », déclare-t-il simplement, l'air sinistre. Tête des vignerons, qui ne semblent pas sensibles à ce genre d'humour ! Mais Jacques les rassure en précisant que tout ça, encore une fois, « c'est pour rire ».

La tournée des vœux

La plus spectaculaire « beuverie » collective dont je me souvienne, c'était à l'occasion du Nouvel An. L'idée de Jacques était de montrer aux téléspectateurs comment ils pouvaient se faire « rincer à l'œil » en profitant de la période des vœux. Pour cela, il nous a fait revêtir une tenue de gardien de la paix et, le képi sur la tête, à bord d'une voiture équipée d'un gyrophare, nous sommes allés de cabaret en cabaret, en nous présentant comme la brigade du quartier qui venait souhaiter la bonne année au patron. À chaque étape, effectivement, le patron, tout sourire, débouchait en notre honneur une bouteille de champagne et trinquait avec nous.

Cette tournée des grands-ducs nous a menés au Lido, Chez Castel, au Paradis latin, Chez Maxim's, chez François Patrice et autres hauts lieux de la nuit parisienne, si bien qu'à la fin du reportage – car tout était filmé – nous sommes apparus sérieusement éméchés. Daniel Prévost trempait son cigare dans le champagne, Piem dansait avec Desproges, Martin, écroulé, levait son verre à la santé de Ponia...

Nous étions beaucoup moins imbibés, en vérité, qu'il n'y paraissait, c'était une mascarade, mais la direction de TF1, alertée par le courrier indigné de nombreux téléspectateurs et de la Ligue anti-alcoolique, a fini par nous rappeler à l'ordre : « On vous voit trop souvent un verre à la main », nous a fait savoir Jean-Louis Guillaud.

Jacques, la mine confuse, a révélé les termes de cette remontrance, le dimanche suivant, et a promis que dorénavant, on ne verrait plus un seul verre dans l'émission. Collaro a sorti alors une bouteille de vin rouge qu'il avait dissimulée et il a fait semblant de boire au goulot...

C'est à Stéphane en particulier que Jacques s'acharnait à faire une réputation de « poivrot ». « Il a un grand cœur mais plus de foie », disait-il. Et Stéphane en rajoutait volontiers. Lors de l'émission qui suivit le Nouvel An, comme nous avions chacun une bouteille d'eau minérale en évidence devant nous, on put voir Stéphane en train de planquer sous la table un litron de vin rouge. Surpris, il déclarera d'un air penaud que c'était sa réserve d'encre... Une autre fois, il dira que c'est de l'eau rouillée, ou de l'eau de la mer Rouge...

Pour tenter de se racheter, il va un jour interviewer le directeur du Comité national contre l'alcoolisme, le docteur Godard, qui lui fait la leçon : « On vous surprend souvent en train de boire dans l'émission, monsieur Collaro. Est-ce votre nature ou jouez-vous un rôle ? Je me le demande... Vous êtes un garçon amusant, drôle, mais gare à vous ! Vous ne pourrez pas mener ce régime-là pendant longtemps. Attention à votre foie et à votre cerveau !

– Vous, personnellement, lui demande Stéphane, est-ce que vous buviez avant ?

– Avant quoi ?

– Avant de diriger le Comité national contre l'alcoolisme.

– Moi j'ai toujours bu, et je continue à boire », répond le docteur Godard.

Éclats de rire dans le public, mais, son effet obtenu, pris de remords, Stéphane avoue qu'il a coupé la fin de la phrase au montage. Le docteur, bien sûr, précisait qu'il buvait « modérément », bien que la formule « à consommer avec modération » ne fût pas encore requise lorsqu'on parlait d'alcool.

106

À la pêche aux moules

Ces séquences bachiques, je m'en rends bien compte, seraient impensables, aujourd'hui, à la télévision. Elles feraient scandale et seraient interdites pour incitation à la consommation d'alcool, alors qu'à l'inverse, l'insolence et le sexe se sont banalisés. On a changé de tabous.

Fermons la parenthèse. Le succès du *Petit Rapporteur* connaît une telle ampleur, début 1976, qu'il intéresse et étonne même la presse américaine ! L'*International Herald Tribune* lui consacre une page entière sous le titre « 30 millions de Français et un *Rapporteur* ».

L'auteur de l'article, Barbara Farnsworth, est visiblement sidérée par le phénomène de la moulite : « *La Pêche aux moules* a envahi la France plus vite que le dernier tube de Michel Sardou. Tout le monde l'a chantée, des ouvriers aux plus hautes personnalités politiques [...]. L'effet obtenu est quasiment le même que si l'on demandait au président Ford ou à un membre de son cabinet de chanter *John Jacob Jingleheimerschmit.* » Interviewant Jacques Martin, elle convient avec lui qu'une telle émission serait inimaginable à la télévision américaine, très conservatrice, où il n'y a pas de place pour un élément perturbateur comme celui-là.

Au passage, la journaliste américaine révèle que la direction de TF1 a proposé à Jacques un meilleur créneau horaire, à 20 h 30, mais qu'il a préféré rester là où il est. Elle me décrit « un peu comme Giscard, avec plus beaucoup de cheveux »... Elle demande enfin à Jacques pourquoi il n'y a pas de femme dans son équipe.

107

Où sont les femmes ?

Eh oui, pourquoi ? C'est la question qu'on nous pose souvent : « Serait-ce de la misogynie ? »

Pour être franc, je pense que la réponse est : oui, un peu. L'année 1975 avait été décrétée « année de la femme » par le président de la République, mais cette initiative constituait surtout un sujet de plaisanterie pour Jacques. Dans les débuts de l'émission, pourtant, il avait essayé d'intégrer une journaliste, Martine de Barsy, qui avait auparavant travaillé comme reporter pour la deuxième chaîne et pour la télé canadienne. Elle nous a rejoints le 2 février 1975, c'est-à-dire au numéro 3. Devant elle, il avait fait poser un carton sur lequel était simplement écrit le mot « Femme ». Les féministes jugeront...

Peu convaincu par sa prestation, il resta deux mois sans la rappeler. Il lui fit faire un deuxième essai, fin mars, en lui confiant un reportage sur le ténor d'opérette Frank Vilano, qui triomphait au théâtre Mogador. Mais lors de la rituelle présentation de l'équipe qui suivait le générique, il eut des paroles peu accueillantes – c'est le moins qu'on puisse dire – à son égard :

« Pour vous montrer à quel point va notre mansuétude en ce jour de Pâques, nous avons même accepté cet objet bizarre, cet os surnuméraire, comme disait Pascal, une femme...

– Parce que ici on adore les femmes, a renchéri Collaro, à condition bien sûr qu'elles restent à leur place... »

Martine de Barsy a tenté de répliquer :

« Attention, messieurs, j'ai ma bombe à misogynes ! »

Mais ses reparties ne faisaient pas le poids devant l'artillerie lourde de Stéphane et Jacques. Elle a compris qu'il valait mieux abandonner le terrain. Le temps de la parité n'était pas encore venu.

À la journaliste américaine, Jacques a donné d'autres éléments de réponse : « Nous faisons régulièrement des choses stupides, que je me sens incapable d'imposer à une femme. Je peux facilement me moquer de la calvitie de Pierre Bonte ou demander à Pierre Desproges d'imiter le cri du cochon ardéchois, ce qu'il fait très bien d'ailleurs, mais est-ce que je peux faire ça avec une femme ? Diable, non ! »

Et voilà pourquoi *Le Petit Rapporteur* est resté jusqu'au bout une affaire de mecs...

Peut-être était-ce préférable, pour la cohésion de l'équipe, car Jacques a toujours eu des rapports compliqués avec les femmes. Danièle Évenou, qui partageait sa vie durant cette période, en sait quelque chose, et elle n'en fait pas mystère... « Il était fier d'avoir une femme comédienne, comme son maître Molière qui était l'époux d'Armande Béjart, et il rappelait à toute occasion que j'avais eu le prix Suzanne Bianchetti de la meilleure comédienne en 1968, mais il ne voulait pas que je travaille, sauf avec lui. Il fallait que je sois tout le temps là, à sa disposition. Je n'avais pas droit à la parole. Combien de fois l'ai-je entendu dire : "Tais-toi !" Et quand je faisais rire les gens, dans un dîner, ça le mettait en rage. Ce n'était pas le rôle d'une femme, selon lui. Même à la cuisine, c'était lui le patron ! Les premières années, j'ai accepté parce que j'étais très amoureuse. Et puis je l'ai quitté, comme toutes ses autres compagnes. »

On comprend que le sort d'une journaliste, au *Petit Rapporteur*, n'aurait pas été enviable ni sa collaboration très durable.

8

L'affreux Jojo

Le Petit Rapporteur, c'est d'abord et surtout Jacques Martin, personne ne le conteste. Chaque fois que je revois une émission, je suis époustouflé par son abattage, sa vivacité d'esprit, son intelligence, sa maîtrise exceptionnelle. Mais on ne souligne pas suffisamment la part très importante qui revient à Stéphane Collaro dans le succès de ce rendez-vous dominical. Jacques était le seul maître à bord et tenait à le montrer, mais il s'appuyait en priorité sur Stéphane, assis à sa droite, quand il se lançait dans l'une de ses nombreuses et parfois aventureuses improvisations. Il savait qu'il pouvait compter sur lui car ils avaient le même sens du comique et de la repartie. Ils se comprenaient à demi-mot, se devinaient l'un l'autre, d'un regard. C'était le duo parfait.

Stéphane était en outre le seul à pouvoir se permettre, de temps en temps, d'envoyer une vanne à Jacques sans risquer de le vexer. Cela tenait à leur vieille amitié.

Il était aussi le seul d'entre nous à pouvoir donner tout son temps à l'émission, puisque le service des sports de l'ORTF lui avait pleinement rendu sa liberté. Dans la semaine, il était donc davantage auprès de Jacques et c'est ensemble qu'ils imaginaient souvent les pitreries du dimanche.

Dans une interview à *France-Soir*, Jacques le décrivait ainsi : « Collaro, c'est l'affreux Jojo de la bande. Il fait les blagues les plus insensées, les plus bêtes, et il rigole comme un gosse. Il a gardé son âme d'étudiant, de potache. C'est un lanceur de pétards. Un utilisateur de poil à gratter. Mais il est aussi très travailleur. » Sur ce dernier point, n'exagérons rien, mais il est vrai qu'il a sauvé plusieurs fois l'émission, à la dernière minute, en tournant un ou deux sujets rigolos qui venaient compenser la faiblesse accidentelle de l'un d'entre nous. Et c'est lui, au total, qui a signé le plus grand nombre de séquences filmées.

Stéphane incarnait très bien le Français débrouillard, malin, adepte du système D, volontiers resquilleur, qui est ravi de faire profiter les copains de ses petites combines. Exemple : il a trouvé un gérant de supermarché assez honnête (ou naïf ?) pour lui avouer que, dans les rayons des grandes surfaces, les produits les plus chers sont toujours placés à portée de main, tandis que les moins chers sont situés tout en bas. « Autrement dit, plus on descend, plus les prix baissent », constate Stéphane. Mais pour en profiter, il faut d'abord se baisser, ce qui est contraire à la loi du moindre effort sur laquelle se sont fondés, en l'occurrence, les maîtres du marketing. Le gérant signale une autre de leurs astuces : près des caisses, il y a toujours des paquets de bonbons à la portée des enfants. Le gosse peut les attraper tout seul et pour les lui faire lâcher, ensuite, ce n'est pas facile si vous ne voulez pas que ses cris désespérés attirent sur vous les regards accusateurs des autres clients !

« Pour réaliser des économies, *Le Petit Rapporteur* vous propose le chariot surbaissé qui vous permettra d'accéder sans effort aux produits bon marché », annonce Stéphane. Il se promène alors dans les allées du supermarché en tirant une planche à roulettes, sur laquelle Michel Clément, son réalisateur, couché à plat ventre, rafle les produits situés au ras du sol.

C'était une grosse bêtise, du niveau de *Pif Gadget*, mais c'était fait avec tellement de bonne humeur et d'espièglerie que le public applaudissait de bon cœur.

Il s'en est pris une nouvelle fois aux grandes surfaces – qui se multipliaient, à l'époque, et semaient la terreur dans le petit commerce – en faisant semblant d'être scandalisé par l'augmentation des vols dans leurs rayons. « Vingt mille vols par mois », selon les journaux. Il fait part de son indignation à deux inspecteurs chargés de la surveillance… qu'il amène à décrire par le détail les ingénieuses techniques des chapardeurs. Et pendant qu'ils parlent, pour que tout le monde comprenne, Stéphane charge un de ses compères de faire la démonstration en images…

Le portillon inviolable

La direction de TF1 eut droit aux lettres de protestation des patrons de la grande distribution, comme un peu plus tard à celles de la RATP quand Stéphane a réussi à démontrer que les nouveaux « portillons inviolables » du métro ne l'étaient pas tant que ça.

« 4 % des usagers sont d'affreux resquilleurs, révèle-t-il au début de son reportage. Avides de jouir du bon air du métro, ils n'arrêtent pas d'essayer de passer sans payer portillons et tourniquets. » Il montre alors les méthodes les plus utilisées : la sauteuse, utilisée surtout par les fraudeurs mâles ; la courbette plongeuse, préférée par les fraudeurs femelles avec enfant ; la bigeardienne (en rampant), spécialement utilisée par les soldats du contingent ; la poussette, qui permet de profiter du ticket du voisin mais qui suppose une synchronisation parfaite. « Tout cela exige une certaine agilité qui interdit la fraude aux personnes âgées, s'apitoie-t-il. Pour réparer cette injustice, *Le Petit Rapporteur* propose l'escabeau amovible... »

La commodité de l'engin n'est pas plus évidente que celle du chariot surbaissé. En revanche, Stéphane fait la preuve que le nouveau portillon prétendument inviolable peut très facilement être déjoué. « Mais avant de vous éloigner, recommande-t-il, faites comme moi. Appuyez sur le bouton rouge marqué INCIDENT et informez le préposé que vous êtes passé sans payer. La RATP pourra ainsi plus facilement compter les fraudeurs. »

Révolté par le prix des parkings à Paris, Stéphane a également fait le tour de toutes les combines possibles pour échapper au paiement. Je vous livre celle qui m'a paru la plus ingénieuse :

« Vous êtes partis en vacances en avion et vous avez laissé votre voiture au parking de Roissy. Le prix ? vingt-quatre francs par jour. C'est trop cher. Voici ce que je vous conseille : le jour de votre retour, vous demandez à un ami de venir vous chercher en voiture. Il s'engage dans l'entrée, prend un ticket, puis il fait une marche arrière et emprunte l'entrée voisine, où il s'empare d'un deuxième ticket. Le voilà donc avec deux tickets, ce qui vous permettra de vous diriger chacun vers la sortie avec un ticket de moins d'un quart d'heure, donc gratuit. » Les images, là encore, venaient rendre le mode d'emploi plus explicite.

Parcmètres et contractuelles

Mais ce qui indisposait le plus les automobilistes, à l'époque, c'étaient les parcmètres, dont la floraison dans les rues de Paris était toute récente. Collaro va s'en faire l'ennemi n° 1. Dès qu'on lui signale une astuce pour les neutraliser, il la livre à l'antenne. Exemple : « Quand vous voyez un parcmètre avec une étiquette hors-service, vous la décollez, vous l'emportez. Vous la fixerez ensuite sur le parcmètre le plus proche de l'endroit où vous vous êtes garé. » Et il lance un appel aux téléspectateurs pour qu'ils apportent leur contribution à cette campagne.

Le dimanche suivant, Jacques annonce que Stéphane a été convoqué au commissariat de police du 8ᵉ arrondissement et vertement sermonné pour avoir incité les Français à frauder.

« C'est vrai, convient hypocritement celui-ci. C'est pas beau de se moquer de ceux qui nous piquent des sous. C'est pourquoi nous ne vous dirons pas que, pour ne pas payer, il suffit d'avoir un chewing-gum, de le coller sur la fente destinée à introduire les pièces, et ensuite de mettre un écriteau "Impossible, c'est bouché" sur le pare-brise de la voiture. Nous ne vous dirons pas non plus (mais il le démontre en images) que, si vous êtes garés dans le parking des Invalides, vous pouvez sortir sans payer. Il suffit de monter sur le trottoir et de passer discrètement derrière le dos de la préposée au parking. Nous ne le dirons pas parce que ce serait une incitation à la fraude et ce serait malhonnête. »

Corollaire obligé du parcmètre, la contractuelle – qu'on appelait alors l'aubergine – n'a pas échappé aux actions vengeresses du « chevalier Bayard des parcmètres », comme l'appelait Jacques Martin. Pour leur compliquer la vie, il conseille aux automobilistes de collectionner les tickets de parcmètres, de les coller soigneusement sur un grand panneau, qu'ils poseront derrière le pare-brise, et de glisser le bon ticket parmi les périmés. La contractuelle perdra quelques précieuses minutes avant de le retrouver.

Il a aussi lancé une enquête : pourquoi les contractuelles sont-elles si méchantes ? Réponse : parce qu'elles n'ont pas le droit d'aller aux toilettes pendant les heures de service, « ce qui est particulièrement contraignant pour celles qui opèrent à proximité d'une fontaine publique ». L'interdiction existait bel et bien, paraît-il. Conclusion de Stéphane : « Les fauves qu'on empêche de manger deviennent méchants. Les contractuelles qu'on empêche d'aller aux toilettes, c'est pareil. Nous demandons au préfet de police de laisser manger les fauves ! »

« On recherche toujours le prince du vice qui lance tous les jours des centaines de jeunes femmes sur le trottoir, annonce-t-il dans l'émission de la rentrée, en septembre. Mais nous avons un nouvel indice. » On voit alors une aubergine téléphoner d'une cabine publique : « Allô Ponia, mon gros loulou, ici c'est Paulette, du 14ᵉ ! J'en ai fait douze aujourd'hui ! » Prenant la défense des prostituées, il interpelle ensuite le ministre de l'Intérieur : « Les péripatéticiennes qui avaient jusqu'ici l'exclusivité des trottoirs protestent contre cette concurrence déloyale. Elles veulent également accéder à la fonction publique. *Le Petit Rapporteur* propose la création d'un corps de contractuelles péripatéticiennes pour

faire cesser cette discrimination honteuse. » Les avanta-
ges de cette nouvelle formule sont évidents, expose-t-il :
« Pendant que le monsieur est monté, la dame descend
lui mettre une contravention, elle gagne dans les deux
cas. »

Stéphane faisait un triomphe avec ce genre de
séquences où il s'inscrivait, toutes proportions gardées,
dans la tradition française des Mandrin, Gaspard de
Besse et autres brigands bien-aimés, redresseurs de torts,
justiciers, faisant rire le petit peuple aux dépens de la
maréchaussée.

Dans le même esprit, mais dans son style particulier,
Daniel Prévost nous a fait passer quelques bons
moments, lui aussi. Il nous a appris comment on pouvait se faire coiffer gratuitement (avec la complicité
d'un gamin, pris dans la rue, qu'on laisse après soi chez
le coiffeur en disant : « Je reviens chercher le gamin
dans une demi-heure ! »), comment on pouvait téléphoner gratuitement à l'étranger (mais c'était l'époque où il
fallait passer par l'inter), comment on pouvait équiper
un appartement en commandant par correspondance
des articles proposés à la vente « à l'essai »... et en ne
répondant pas aux ordres de paiement ni aux menaces
des huissiers.

Pour ce dernier sujet toutefois, Daniel a failli avoir
des ennuis, mais il a été admis par les juges que la vente
à l'essai pouvait être assimilée à une vente forcée et
qu'elle était donc illégale.

Les nudistes de Gruson

La blague de potache était quand même le genre dans lequel Stéphane se montrait le plus brillant. Je me souviens de son reportage à Gruson, dans le Nord, où la population protestait avec indignation contre le projet de création d'un camp naturiste de quatre hectares, entièrement clos de murs, sur le territoire de la commune. En lisant l'article de *La Voix du Nord*, consacré à cette affaire, Jacques avait dit à Stéphane : « Voilà un sujet pour toi ! » Et Stéphane avait pris la route de Gruson sans trop savoir ce qu'il allait faire, emmenant avec lui, à tout hasard, l'un de ses copains, Alain Beltoise, le frère du coureur automobile. Sur place, il a commencé par interroger le maire, le restaurateur (« Est-ce que vous servez du gibier à poil ? »), puis il est entré dans la boulangerie du village où le reportage a pris soudain une autre dimension.

À la boulangère, qui s'était déclarée franchement hostile au projet, il ne peut s'empêcher de demander :

« Est-ce qu'il vous arrive d'exposer vos miches à l'air libre ?

– Oui, répond-elle, pour qu'elles refroidissent plus vite. »

Après quoi, tandis que la conversation se poursuit, la porte s'ouvre et l'on voit pénétrer (de dos) Alain Beltoise entièrement nu qui demande très naturellement du pain. On imagine la tête offusquée de la boulangère, dont le regard, pourtant, s'abaisse régulièrement vers un endroit précis de son anatomie.

« Je suis naturiste, je suis venu repérer les lieux », explique Beltoise à la commerçante qui, après un long moment de doute et de trouble, finit pas comprendre qu'elle est l'innocente victime d'un canular.

Au retour sur le plateau, Jacques fait mine de réprimander Stéphane :

« Vous n'avez pas honte d'avoir osé faire ce calembour sur les miches de la boulangère ? Ça vole aussi bas que : "Monsieur le charcutier, est-ce que vous avez des pieds de porc ?... Oui ? Ça doit vous gêner pour marcher !"

– J'aurais pu la faire aussi, celle-là. Je ne peux pas résister », répond Stéphane, l'air penaud.

Il se connaissait bien... S'il faut lui chercher des références, il était plus proche, souvent, de l'*Almanach Vermot* que du *Rire* de Bergson. Cette complaisance avait le don d'agacer Piem, peu sensible à ce qu'il nommait ces « plaisanteries de garçon de bain ». Mais Stéphane avait une manière de les servir, comme en s'excusant, qui leur rendait une certaine fraîcheur.

Il existe une blague classique, qui relève plutôt de l'humour « bidasse » : essayer de piéger un copain en

L'affreux Jojo

lui faisant boire un verre de trop… Stéphane n'y a pas
résisté non plus mais il a corsé la difficulté en choi-
sissant comme victime un barman, c'est-à-dire un
homme averti, qui venait d'être sacré champion de
France dans sa catégorie. Il se targuait de pouvoir
composer des cocktails avec les couleurs de tous les
drapeaux d'Europe, en superposant les teintes. En janvier 1976, à l'occasion du passage de TF1 à la couleur,
Stéphane est donc allé lui demander de créer un cock-
tail aux couleurs de la chaîne, puis de le boire en
regardant la caméra et en disant : « À la santé de TF1
couleur ! »

Mais comme par hasard, il y avait tout le temps un
problème technique qui obligeait Stéphane à recommencer la prise et donc à demander au barman de
renouveler son geste. Huit fois de suite, il lui fit dire : « À
la santé de TF1 couleur ! » et avaler son verre cul-sec,
avant que le barman fût pris de soupçons et lui déclarât,
hilare : « Je vous vois venir, monsieur Collaro. » C'était
trop tard. Visiblement, les cocktails avaient fait leur
effet et Stéphane avait gagné son pari.

Je tiens à souligner, pourtant, que ses espiègleries
étaient dépourvues de toute méchanceté. Par un sourire, un clin d'œil ou une petite phrase, il faisait en sorte
qu'à la fin, la « victime » ne perde pas la face. Si ce
n'était pas lui, c'était Jacques qui s'en chargeait. « Il
nous arrive d'être méchants, disait Jacques, mais à bon
escient, seulement avec les gens plus forts que nous. Les
généraux et les pompes funèbres par exemple. »

121

Le jour le plus bête de l'année

Stéphane donna toute la mesure de son talent à l'occasion du 1ᵉʳ avril, « le jour le plus bête de l'année ». Je passe sur le poisson d'avril accroché dans le dos de Piem, qui a mis du temps à comprendre pourquoi le public riait plus que d'habitude aux dessins de sa « Petite Semaine ». Je passe aussi sur la séquence où il a piégé la comédienne Claudine Coster en la faisant regarder dans un kaléidoscope dont il avait noirci les bords avec du charbon... Il s'agit là de blagues efficaces mais anodines et bien connues. Celui qui garde le plus mauvais souvenir de ce 1ᵉʳ avril 1975, c'est Gonzague Saint Bris.

Le jeune et séduisant écrivain venait de publier dans le magazine *Elle* un article sur le mauvais goût. Il y dissertait sur la conception qu'on pouvait en avoir, selon les époques et les cultures, et il ne cachait pas que certaines plaisanteries dites de mauvais goût le faisaient beaucoup rire. Il n'en fallait pas plus pour que Stéphane se dise in petto : « Eh bien mon coco, c'est ce qu'on va voir ! »

Il s'est rendu chez Gonzague, il a commencé par lui poser quelques questions sur le mauvais goût en matière d'humour, puis lui a fait une proposition : « Je vais vous demander de choisir, parmi trois plaisanteries de mauvais goût, celle qui vous fait le plus rire. Vous voulez bien ?

– D'accord », a consenti Gonzague. Il n'avait pas remarqué que, derrière son dos, Stéphane tenait cachés une bombe de mousse infernale, un pot de fausse encre indélébile et une bombe de « fil fou », dont il se mit aussitôt et successivement à asperger sa victime.

Il n'eut pas le temps de lui demander laquelle il préférait. Gonzague, décoré comme un sapin de Noël, se débattait en hurlant et en le couvrant d'injures, tandis que Stéphane et son équipe quittaient précipitamment les lieux.

Les téléspectateurs n'ont jamais vu ce document. Le lendemain même, en effet, Gonzague Saint Bris se tournait vers la justice et faisait saisir le film par huissier. À quoi Jacques a répondu, le dimanche, en le provoquant en duel à la bombe à raser... « La joute aura lieu au bois de Boulogne. J'aurai deux témoins : Jean Castel, qui descend de l'Éverest par son père et du Pic du Midi par sa mère, et le comte de Mortemart, qui est de mes amis. » Et pendant quelques semaines, Gonzague Saint Bris deviendra la bête noire de l'émission. Il apparaîtra dans différents sketches sous les traits d'un personnage grotesque nommé Gonzague Saint Nectaire ou Gonzague Saint Paulin...

Comme il lui restait des munitions, Stéphane a lancé une deuxième offensive sur Claude Terrail, le propriétaire de La Tour d'argent, un homme d'une rare élégance, personnalité brillante du Tout-Paris, célèbre pour l'œillet bleu qu'il portait toujours à la boutonnière.

123

Mais cette fois, il ne se sentit pas le courage de monter lui-même au front. Il confia à son réalisateur, Michel Clément, le soin de poser les questions qu'il avait préparées et de bombarder Claude Terrail au moment convenu. Celui-ci démontra, en la circonstance, que son élégance n'était pas seulement vestimentaire. Copieusement aspergé de mousse et de fil fou, il ne perdit pas pour autant son sang-froid et son humour, faisant simplement remarquer qu'en qualité de restaurateur, il aurait préféré recevoir de la crème Chantilly.

Les images les plus drôles du film, finalement, ce sont celles de Michel Clément, le réalisateur mobilisé par Stéphane, dans la minute qui précède l'assaut... Ce garçon d'une extrême courtoisie et d'une gentillesse à toute épreuve était terrorisé à l'idée de devoir commettre une telle agression, et cela se lit sur son visage. On le voit plusieurs fois hésiter, esquisser le geste de brandir la bombe, le retenir, et puis se décider brusquement, la mort dans l'âme... C'était lui qu'on avait envie de plaindre et qui apparaissait comme la touchante victime de cet affrontement, dont Claude Terrail est sorti avec les honneurs.

Stéphane, de son côté, pour illustrer ce « spécial 1er avril », s'est rattrapé aux branches en réalisant une interview, en parallèle, du président du Comité du Bon Goût français et du directeur de la société Tagada, spécialisée dans la fabrication et la distribution des farces et attrapes. Parmi ses productions les plus remarquables figuraient : le coussin flatulent, les boules puantes, une collection de crottes, dont une crotte musicale, et des suppositoires pour soigner le mal du chemin de fer portant la mention : « Si le chemin de fer vous donne des malaises, mettez-vous ça dans le train ! » Vraiment fortiche, Stéphane a réussi, à la fin du reportage, à faire décerner au directeur de la société Tagada la médaille du Bon Goût français !

9

« La Petite Semaine » de Piem

Au rayon « farces et attrapes » du *Petit Rapporteur*, il y avait aussi le poil à gratter. Chef de produit : Piem. C'était lui qui était chargé de gratter où ça fait mal, en essayant néanmoins d'être « poilant »… Exercice difficile. Mais il avait, sur l'actualité, le regard acéré du dessinateur humoristique capable de saisir au premier coup de crayon le détail, le défaut qu'il faut pointer, celui qui fera rire ou grincer des dents.

Assis à la gauche de Jacques Martin, à l'opposé de Collaro, il en était effectivement tout le contraire. On le voyait rarement rire, d'ailleurs, aux gaudrioles de Stéphane. Martin lui avait donné un autre rôle, dans l'émission : dégager les travers de notre société, dénoncer les abus des puissants. Il le faisait avec sa sensibilité de chrétien de gauche, perpétuellement en révolte contre les injustices… aidé en cela par son caractère naturellement râleur. Mais Jacques, s'il ne le ménageait pas plus que les autres, à l'antenne, attachait une grande importance à sa participation. « Ce qu'il fait a souvent une

127

résonance profonde, sociologique, déclarait-il à *France-Soir*. Le rire peut être une chose noble, sérieuse, quand il prend la défense de l'individu. »

Tout le monde se souvient de sa « Petite Semaine », dont il préparait les dessins la veille et qu'il présentait avec brio, devant un chevalet, en jonglant avec les feuilles de papier. Le numéro était parfois raté, les papiers ne voulaient pas coller, mais ce n'était pas grave. « Bien souvent, admet-il avec humilité, les gens riaient davantage de mes maladresses que de mes dessins... » En coulisse, André Dauchy, au piano, apportait aux commentaires acides un contrepoint musical soigneusement choisi.

Il traitait à sa façon, brève et incisive, tous les événements dont on n'avait pas eu le temps de parler longuement dans le reste de l'émission : le congrès des Républicains indépendants, la progression du chômage (un million de chômeurs en 1975 !), l'activisme du président de la République, qui multiplie les déplacements et les initiatives spectaculaires, les grèves (qui se sont succédé sans interruption de mars à mai 1976... et qui mettront fin aux intentions réformistes du président), le malaise de l'armée, dont on parle beaucoup et qui a suscité cette réaction irritée du général de Boissieu : « Il n'y a pas de malaise. Les militaires n'ont pas de vapeurs comme les artistes. » Réponse de Piem : « Si les artistes ont des vapeurs, il faut utiliser cette énergie », et il propose de mobiliser le chanteur Carlos, une « locomotive » de la vie parisienne.

L'un des dessins qui a eu le plus de retentissement est celui qu'il a réalisé, en septembre 1975, après la décision du général Franco de faire exécuter dix opposants au régime, dont deux femmes enceintes. « L'Europe est un beau continent, mais sur ce continent, il arrive qu'il y ait des taches », a-t-il dit sobrement en faisant apparaître une carte sur laquelle l'Espagne était couverte de sang.

Cette image violente lui a valu une lettre de remerciements du comité de solidarité avec les condamnés d'Espagne, que Jacques a lue, le dimanche suivant, en ajoutant qu'il mettrait un point d'honneur à ne plus franchir les Pyrénées tant que Franco serait au pouvoir.

Le caudillo allait le libérer de son serment deux mois plus tard... Le jour de son enterrement, dans *Le Parisien*, paraissait l'horoscope mensuel, avec les prévisions suivantes pour les natifs du Sagittaire, le signe de Franco : « Vous êtes trop tendu pour profiter d'un repos bien gagné... Vous pouvez conserver votre bel optimisme pour 1976... Un grand et beau voyage vous laissera de l'année un souvenir inoubliable. »

La fête des commerçants

Piem, comme les autres, devait en outre réaliser chaque semaine un sujet filmé. Il s'agissait le plus souvent d'une fiction, ou d'un reportage scénarisé qui venait illustrer avec humour un fait de société, auquel il donnait parfois la forme d'une parabole.

Je me souviens d'une séquence dont les images avaient choqué une partie du public. Au mois de mai, pour dénoncer l'aspect mercantile de la fête des Mères, on le voit se promener dans les allées du centre commercial de Parly 2 en tenant en laisse son plus jeune fils, qui marche à quatre pattes : « Cherche ! lui dit-il. Cherche un cadeau pour maman ! Cherche un cadeau pas cher ! » Une commerçante tente d'attraper l'enfant avec un grand filet à papillons en le couvrant de mots gentils : « Qu'il est mignon, ce petit garçon ! Tu l'aimes bien ta maman, hein ? Tu vas lui acheter un joli cadeau ? » et elle le tire vers sa boutique. « Les commerçants ont un cœur formidable, commente Piem. Ils adorent les enfants. »

Puis il suggère quelques idées de cadeaux : « Votre maman n'arrive pas à boucler son budget ? Offrez-lui le calendrier Chirac, qui s'arrête le 20. Avec le calendrier Chirac, plus de fins de mois difficiles ! » Mais il y a toujours un fond de tendresse chez Piem, et pour faire comprendre que l'amour ne se mesure pas au prix du cadeau que l'on offre, il montre le plus beau qui soit : un dessin d'enfant sur lequel on peut lire : « Maman je t'aime, et puis c'est tout. »

Père de famille nombreuse, le sujet lui tient à cœur puisqu'il y revient au moment de Noël, à propos de « la fièvre des jouets », qui fait les titres des journaux. Il s'emploie, cette fois, à stigmatiser les parents pour qui rien n'est trop beau ni trop cher quand il s'agit de choisir un cadeau pour leurs enfants. Jacques Martin, lui, scandalisé, montre un nouveau jouet, qui vient de sortir dans le commerce : un lance-pierres avec boules d'acier incorporées dans la poignée. Après avoir fait le compte des enfants que nous avons (réponse : six pour Piem, trois pour Martin, deux pour Desproges, Prévost et moi), il propose d'enfermer l'inventeur dans une pièce avec nos quinze gamins munis de son lance-pierres !

Un zoo humain

Chaque semaine, l'actualité lui apportait un sujet d'indignation.

9 février 1975 : un journal s'élève contre le prix des funérailles et s'en prend aux entreprises de pompes funèbres. Piem enquête. Il découvre que ces entreprises ont des démarcheurs pour recruter les clients. Dans la région de Toulouse, dit-il, elles achètent les morts sur pied. C'est-à-dire qu'elles achètent une zone géographique sur laquelle elles exercent un monopole. Ce qui leur permet de pratiquer des tarifs injustifiés. Pour réduire le prix des funérailles, Piem suggère donc de les organiser soi-même... Il va chez un menuisier acheter les planches nécessaires à la fabrication du cercueil : quatre-vingts francs. Puis il va louer une fourgonnette : vingt-deux francs quatre vingts centimes. Il engage deux manutentionnaires dans une agence d'intérim (trente-six francs de l'heure) et un monsieur présentant bien. Puis il se rend au trou des Halles pour solliciter le

concours d'un conducteur de pelleteuse. Il arrive à un total de deux cent quarante et un francs.

Cet humour noir ne provoquait pas l'hilarité du public mais, même si l'ambition première de Jacques, comme il l'a dit souvent, était de faire rire, il tenait à garder à l'émission cet esprit satirique qu'il avait revendiqué dès le début.

2 mars 1975 : Brigitte Bardot s'engage dans une campagne contre les conditions de vie des animaux dans les zoos. Piem n'a rien contre les animaux mais il lui semble qu'il y a des combats plus importants à mener. Il existe aussi des hommes qui sont parqués de façon indigne. Il part donc enquêter dans un « zoo humain », à savoir un grand ensemble de la banlieue parisienne « où vivent des hommes et des femmes enlevés à leur milieu naturel », et il les filme, comme des animaux, dans leurs activités quotidiennes, pour dénoncer leur triste condition.

« Regardons-les faire semblant de vivre. Ils ont à peine la place de se retourner dans leur cage. Ils en sont réduits à errer en bandes sur un minimum d'espace vital... Dans les concentrations urbaines, le roi de la Création se retrouve parfois seul. Il lui reste le chat », s'apitoie-t-il en filmant un homme, son chat dans les bras, qui tourne en rond dans une pièce de son F2. Il termine par cette prière : « On a brisé leur monde, on a pris leur liberté, mais au moins qu'ils soient bien traités !... »

9 mars 1975 : deux avocats d'origine algérienne ont été victimes d'une « bavure policière ». Ils ont été « passés à tabac » par erreur et les autorités policières s'empêtrent dans leurs explications. Piem en propose une. « La vérité, affirme-t-il, la voici : deux individus basanés ont attaqué une matraque sans défense. » Et il montre la victime, une matraque couverte de médailles, qui a été citée plusieurs fois à l'ordre de la nation, notamment le 6 février 1934, au métro Charonne et pendant la campagne de Mai 68, « pour avoir su résister sans broncher aux agressions frontales de l'ennemi ».

Interrogé sur cette bavure, maître Libman, l'avocat, se dit perplexe : « Nous sommes un certain nombre, dans notre profession, à avoir constaté dans les années passées que des chutes tout à fait spontanées, dans les locaux de la police, dans les escaliers ou sur un coin de table, ou des rencontres tout à fait insolites entre le crâne d'un prévenu et une matraque, entraînaient des blessures... » Étrange, en effet.

Piem retrace ensuite l'histoire de la matraque, depuis la massue préhistorique, en passant par le rouleau à pâtisserie... Tandis qu'il parle, on entend monter de la rue la rumeur d'une manifestation, et l'arme contondante s'échappe par la fenêtre : « La matraque ne peut pas résister à l'appel de la fête, constate-t-il. Mais l'homme est un loup pour la matraque et sans pitié il l'agresse. Entendrons-nous la longue plainte des bois brisés dans le silence des lendemains de manifs ? »

« Voilà encore un reportage qui va nous valoir des

lettres d'insultes », soupire Jacques à la fin de la séquence. Il en extrait quelques-unes de la masse du courrier entassé sur sa table : un téléspectateur, qui termine sa lettre par « Heil Hitler ! », menace de venir nous abattre en direct à la télé si l'émission n'est pas arrêtée.

Une religieuse, sœur Marie-Jean, s'adresse à Jacques : « Vous êtes un grand goujat, un fou, un vampire, un damné, un démon. J'ai en horreur cette émission honteuse. Je demande par courrier au pape Paul VI de vous faire excommunier. À bas Jacques Martin et sa clique de reporters du diable ! »

Moins agressive, une dame lui écrit : « Vous avez une jolie voix. Pourquoi ne restez-vous pas dans l'opérette ? Là vous ne gêneriez personne, ni les enfants ni les adultes. »

6 avril 1975 : l'insécurité est déjà à l'ordre du jour. À soixante kilomètres de Paris, dans une commune de deux cent dix habitants nommée Wy-Dit-Joli-Village, le maire a bravé la loi en créant une milice villageoise, chargée de remédier à la recrudescence des cambriolages sur son territoire. Elle est composée de quatorze habitants, « presque tous des anciens combattants, sachant manier le fusil et ayant suffisamment de sang-froid pour faire face à la situation », précise le maire, assis au milieu de ses conseillers municipaux.

Un sujet en or pour Piem, dont l'antimilitarisme viscéral va pouvoir se donner libre cours. Après s'être promené dans les rues du village en tenue de campagne, le fusil sur l'épaule, à la recherche du délinquant, il imagine une charte des milices, inspirée du règlement des sociétés de chasse :

« Article 1. Le milicien n'aura droit qu'à quatre délinquants par sortie. Pour tout délinquant supplémentaire, il sera pénalisé d'une tournée générale.

Article 2. Chaque milice communale ne pourra chasser que sur son territoire.

Article 3. Des rondes seront organisées dès l'école maternelle, dans la cour de récréation, en vue d'encourager les vocations miliciennes.

Article 4. Un portrait type du délinquant sera exposé à la mairie.

Article 5. Les boissons alcoolisées seront servies avant, pendant et après les opérations. »

Il pouvait être dangereux de traiter avec humour des problèmes de sécurité. Quand Piem, un peu plus tard, a voulu réaliser un reportage sur les sociétés de gardiennage, qui étaient en partie infiltrées par le SAC (Service d'Action Civique), on lui a fait savoir que sa belle villa de Saint-Cloud pourrait être plastiquée s'il se montrait trop curieux. Jacques a refusé de le laisser courir ce risque. L'enquête a été abandonnée.

L'énarcopathie

Les abus ou les incohérences de l'administration ont également nourri sa verve satirique. L'École nationale

d'administration (ENA), qui fabrique les hauts fonc-
tionnaires, méritait un traitement privilégié. À l'occasion du trentième anniversaire de sa création, en
octobre 1975, Piem a donc consacré un amusant dos-
sier à « l'énarcopathie ».

« C'est une maladie du comportement, explique-t-il,
images à l'appui. L'ENA est une école de l'ordre établi.
Si c'était l'école du désordre, ça donnerait ANE,
démontre-t-il en déplaçant les lettres. Contrairement
aux naissances habituelles, le bébé énarque se présente
par le siège (siège d'administrateur de société, de
député). Il est nourri au sein de Marianne, la mère-
patrie. Puis il se gave de bouillies de grosses légumes. À
neuf mois il fait sa première dent et, signe particulier,
c'est une dent longue. Adolescent, il fait une crise
d'acné juvénile et son premier bouton est une rosette de
la Légion d'honneur...

Contrairement à l'homme de la base, l'énarcopathe
est vêtu de stricte probité : costume trois pièces, en
fil-à-fil, chemise blanche, cravate unie. Il se reproduit
en vase clos. Solidaires les uns des autres, ils se font la
courte échelle, ce qui leur permet d'atteindre les plus
hauts sommets, et du haut de cet Olympe, jettent un
regard supérieur sur notre petit monde de rampants. »

Il aurait pu ajouter que les énarques ont un langage
différent du nôtre, mais l'actualité va lui donner l'occasion de le montrer et de s'en moquer.

En avril 1976, le ministre des Finances, Jean-Pierre
Fourcade, fait adopter par les députés une loi sur les

plus-values dont tous les journalistes s'accordent à dire qu'elle est incompréhensible. Elle est rédigée dans ce jargon énarchique que le commun des mortels est bien incapable de déchiffrer. « Je reconnais volontiers que ce texte est un peu complexe, concède le ministre [énarque lui-même], mais les Français sont intelligents. Je leur fais confiance. » Sceptique, Piem tente alors une expérience : il fait lire par un conseiller fiscal quelques paragraphes de la loi :

« La plus-value sera taxée d'une manière très simple en comparant le prix de cession de l'action ou de l'obligation convertible avec le dernier cours de la septième année précédant la cession ou à défaut le cours le plus proche... Lorsque leur valeur intrinsèque appréciée en fonction du coût de la construction au jour de leur aliénation et compte tenu de leur état d'ancienneté et entretien à la même date est inférieure au pourcentage du prix de cession de l'indemnité d'expropriation qui... », etc. Cela dure pendant plus d'une minute et on a envie de crier : « Au secours ! » La démonstration était faite.

Piem revient à la charge, à la pénible période des déclarations de revenus, en allant voir un jeune inspecteur des impôts de Seine-et-Marne, Jacques Blache, dont le franc-parler est très inhabituel dans la profession. Le fonctionnaire révèle qu'un contribuable, dans son secteur, ne risque un contrôle que tous les soixante-quinze ans, et il part en guerre, lui aussi, contre la complexité des textes administratifs. Il parle des ordinateurs qui écrivent à des morts… « L'administration n'est plus celle de Courteline, dit-il, c'est celle de Kafka. »

Mais les supérieurs hiérarchiques du turbulent inspecteur ont très mal pris son intervention télévisée. Quelques semaines plus tard, il nous a fait savoir qu'il était appelé à comparaître devant une commission paritaire du ministère des Finances, autrement dit le conseil de discipline de son administration, au motif suivant : « Un fonctionnaire, en dehors du service, lorsqu'il est amené à manifester publiquement son opinion, doit mesurer l'expression de ses convictions. » Il risquait le déplacement, peut-être même la révocation.

Piem est allé plaider sa cause devant le conseil de discipline. Jacques Martin a interpellé le ministre des Finances, dans la presse, en lui disant qu'au lieu de sanctionner son inspecteur, il devrait au contraire l'utiliser pour ses relations publiques. Au final, Jacques Blache a échappé à la mutation à Hazebrouck (Nord), primitivement envisagée. Il est resté en Seine-et-Marne jusqu'en 1981, auréolé de la couronne des martyrs et paré du titre de « petit rapporteur des impôts »…

À l'arrivée au pouvoir de ses amis politiques, il a quitté l'administration fiscale pour devenir successivement chef de cabinet des ministres Christian Perret, Jean-Pierre Chevènement et Alain Decaux, avant d'être nommé sous-préfet en Haute-Marne. Pas si mal, comme parcours… Mais, là encore, son tempérament rebelle lui a valu quelques ennuis. Il a été sauvé par

Charles Pasqua, le ministre de l'Intérieur, qui lui a confié plus tard, avec son humour très particulier : « Je t'ai toujours défendu contre ces cons de technocrates parce que tu étais le seul sous-préfet inscrit à la CGT. »

Les infortunes de la croix Vitafort

De temps en temps, dans un style différent, Stéphane Collaro se livrait aussi à la chasse aux abus. La société qui fabriquait et diffusait une certaine « croix Vitafort » a eu quelque mal à s'en remettre.

À en croire les pages de publicité qui s'étalaient dans la presse, cette « croix biodynamique, composée d'un alliage de métaux rares », faisait des merveilles. Elle attirait l'amour, elle dynamisait les énergies, elle portait chance, bref, c'était un « générateur de joie de vivre ». Tout cela pour cent vingt et un francs quarante centimes, frais d'envoi compris. Suivait une liste de célébrités du moment qui l'avaient acquise, au dire des publicitaires : Mathé Althéry, Colette Renard, Georges Guétary, Line Renaud, André Dassary, Roger Nicolas, Georgette Lemaire, Félix Marten... « Comme ces vedettes, qui l'ont adoptée, concluaient-ils, connaissez les transformations qui combleront tous vos désirs ! »

Flairant l'arnaque, Stéphane va en interroger quelques-unes, à commencer par Félix Marten qui lui avoue que, pour accepter de porter la croix Vitafort au poignet, il a touché, comme les autres, un chèque de mille francs ! « Mais je l'ai enlevée, précise-t-il, parce que dans les semaines qui ont suivi, je n'ai eu que des tuiles : des galas annulés, deux films qui ne se sont pas faits… » Pierre Dudan surenchérit : « Quelques jours après l'avoir accrochée, je me suis écroulé dans la rue, on m'a emmené à l'hôpital et je suis resté cent jours dans une chaise roulante. » En ce qui concerne Georgette Lemaire, Stéphane se contente de montrer les titres des articles que lui a consacrés *France Dimanche*, dans les derniers mois : « Georgette aux abois. Après le passage de l'huissier, il ne lui reste plus qu'une caisse en bois. » « Le Noël de mouise de Georgette Lemaire. Même pas de quoi acheter un jouet pour ses gosses ! », « La championne des scènes de ménage », « Ne pleure pas, Georgette ! »…

Tout commentaire aurait été superflu. Un professeur de physique est simplement venu préciser qu'après analyse, la prétendue croix « biomagnétique » n'était qu'un aimant de très faible puissance, qui ne pouvait générer aucun effet.

Jacques Martin avait quelques bêtes noires, comme Léo Ferré « qui gare sa Rolls-Royce dans les quartiers pauvres pour être plus près du peuple » – et qui avait refusé de recevoir un journaliste du *Petit Rapporteur* – ou encore Jacques Borel, l'inventeur du Wimpy*, dont

---

* Créée en 1961 par Jacques Borel, Wimpy a été la première chaîne de restauration rapide française.

il montre, du bout des doigts, un spécimen aux télé-spectateurs, en ajoutant, l'air dégoûté : « On va le recouvrir d'un papier, c'est pas la peine que les mouches s'empoisonnent. »

Il s'en prend aussi, régulièrement, à certains journaux : *France Dimanche*, pour qui il réclame l'institution d'une taxe sur la médiocrité, *Libération*, et plus particulièrement le journaliste Delfeil de Ton qui avait signé un article assez méchant sur l'émission. Le papier était accompagné d'un dessin exécuté à la manière de Piem, signé Pim. Il représentait des toilettes mais la cuvette des W.-C. avait la forme d'un poste de télévision sur lequel s'inscrivait le titre de l'émission : *Le Petit Rapporteur*. Juste au-dessus, une main anonyme tirait la chaîne de la chasse d'eau. Le message était clair : « *Le Petit Rapporteur*, c'est de la m... ! »

Le dimanche suivant, Jacques fit projeter un agrandissement du dessin sur un panneau du décor. Il planta un clou à côté de la cuvette-écran, à la hauteur qui sied, puis il sortit de sa poche un exemplaire de *Libération* qu'il découpa en morceaux, et il se pencha pour les accrocher au clou, comme cela se faisait encore à la campagne... La réponse était très claire, elle aussi. Mais au dernier moment, grand seigneur, il arrêta son geste et se tournant vers la caméra : « Non, je ne le ferai pas, messieurs. C'est ce qui nous différencie. Je suis peut-être bête mais je ne suis pas méchant. »

Dans ces moments-là, Jacques Martin s'inscrivait

indéniablement dans la lignée des grands pamphlétaires qu'il admirait, tel Léon Bloy.

Mais il pouvait se réconcilier aussi vite qu'il s'était fâché. Peu de temps après cette altercation, pour faire la paix, le rédacteur en chef de *Libé* offrit à Jacques l'original du dessin... en lui suggérant de le vendre aux enchères au profit de la lutte contre la moulite. Et Jacques, qui préférait cet humour-là, enterra la hache de guerre.

Le pape a dit

Les dures années de pension qu'il avait passées dans des institutions catholiques, tour à tour chez les oblats de Marie-Immaculée, les dominicains et les jésuites, lui avaient laissé un souvenir amer. « Je préférerais refaire trois ans d'armée qu'un an chez les jésuites », affirmait-il. Il prenait sa revanche, parfois, en brocardant le Vatican ou en tenant des propos teintés d'anticléricalisme.

C'est ainsi que, début 1976, il tourna en dérision un texte du pape. Inquiet du dérèglement des mœurs dans la société occidentale, le Saint-Père y rappelait solennellement que certaines pratiques comme le plaisir solitaire, les relations sexuelles avant le mariage, l'homosexualité étaient des péchés mortels. On imagine les commentaires et les plaisanteries plus ou moins délicates que cette information suscita sur le plateau. « Après le mariage, les relations sexuelles ne sont plus un péché, mais c'est mortel », ricana Jacques. Mais là, il le savait bien, il heurtait violemment tout un pan de son public dominical. Les réactions, d'ailleurs, ne se sont pas fait attendre. L'éditorialiste du *Bulletin des aînés du diocèse de Lille* l'a quasiment frappé d'anathème :

« On dirait vraiment que Jacques Martin a un compte à régler avec la religion et avec l'Église ! Ferait-il partie de ce lot misérable d'anciens enfants de chœur qui, après avoir longtemps présenté à l'autel les burettes du sacrifice, n'ont plus qu'un idéal : les lancer rageusement à la tête des curés ? Regretterait-il d'avoir écouté le vicaire du patro en vivant dans la pureté ses plus tendres années ?

Quoi qu'il en soit, ses manières sont détestables. Qu'il se serve de la télévision pour accabler les téléspectateurs de ses ricanements méprisants et pour cracher sur ce qu'ils ont de plus sacré, j'estime que c'est vraiment dépasser les bornes et je dis avec vous, ami lecteur : non, non et non ! »

Le zizi au tribunal

À la télévision, la sexualité n'avait pas, il faut bien le dire, la place qu'elle occupe aujourd'hui. Le sujet était encore tabou. Pierre Perret venait de créer un petit scandale avec sa chanson *Le Zizi*, que certaines radios se refusaient à diffuser. Et quand un pâtissier de Bourges, en 1975, a mis en vitrine un gâteau en forme de zizi, il a reçu une citation à comparaître devant le tribunal ! Les termes en étaient si savoureux que Jacques s'est empressé de les lire : « M. X est prévenu d'avoir à Bourges, d'avril à septembre 1975, fabriqué, détenu en vue d'en faire le commerce et exposé des objets contraires aux bonnes mœurs, en l'espèce des gâteaux de riz ayant la forme d'une verge et portant l'inscription "Zizi bonbon" ! »

Cela donne une idée des règles morales de l'époque... et de l'audace du *Petit Rapporteur*.

En février 1975, c'est Piem qui aborde le sujet. Sous la pression des associations catholiques, le secrétaire d'État à l'Éducation nationale, M. Jean-Pierre Soisson, a décidé d'interdire le cours de sexualité du docteur Meignant à la faculté de Vincennes. Pour se moquer de cette mesure disciplinaire, Piem joue les professeurs d'éducation sexuelle en manipulant deux prises de courant, mâle et femelle, pour illustrer ses propos... « Mais il existe des prises mâles qui sont également femelles, poursuit-il. Elles peuvent recevoir des prises mâles et également femelles, qui reçoivent d'autres prises mâles qui à leur tour reçoivent d'autres prises mâles. Ça s'appelle de la sexualité de groupe. » Continuant de jouer avec ses prises, il enchaîne : « Certaines combinaisons voient leurs relations perturbées par un corps étranger, ce qui entraîne parfois la rupture. Une légende prétend que les prises de couleur sont plus puissantes que les prises blanches. Erreur ! », et ainsi de suite.

On est encore loin de l'hyperréalisme de Jean-Marie Bigard ! Mais moi qui avais reçu la même formation que Jacques, je ne pouvais m'empêcher de penser à ma pauvre mère, une femme d'une grande piété, qui nous regardait et que ces allusions, même voilées, devaient offusquer, comme tant d'autres de sa génération et de son éducation. Là encore, *Le Petit Rapporteur* franchissait timidement des limites qui allaient exploser dans les décennies suivantes.

Parmi les hardiesses du *Petit Rapporteur*, on peut citer, le même mois, la première apparition d'un sein nu à la télévision à une heure de grande écoute. C'était dans un reportage de Robert Lassus illustrant les résultats d'un sondage selon lequel 19 % des Français dormaient nus. Sur les écrans de cinéma en revanche, la nudité s'étalait déjà largement. Le film *Les Valseuses* était sorti l'année précédente, *Emmanuelle* également, et son réalisateur, Just Jaeckin, préparait une adaptation du sulfureux roman de Pauline Réage *Histoire d'O*. En toute liberté puisque le président de la République, soucieux de prouver sa modernité, venait de supprimer la censure cinématographique. En attendant de taxer le cinéma pornographique l'année suivante...

Just Jaeckin a eu les honneurs du *Petit Rapporteur*, d'ailleurs, à l'occasion de la sortie de son film. Collaro a tenté de le piéger avec une série de questions à double sens, auxquelles il a répondu sans malice, en les prenant au pied de la lettre :

« *Histoire d'O*, pour vous, c'est un retour aux sources ? »

« Avez-vous eu du mal à choisir votre O ? »

« Vous en avez essayé combien ? »

« Est-ce que les artistes ont accepté facilement de se mouiller dans cette histoire ? »

« Le château d'O, vous l'avez choisi comment ? »

À l'O de l'histoire, la jolie comédienne Corinne Clery, qui, dans le film, se dénude sans la moindre gêne apparente, il demande ensuite, gravement : « Certaines scènes du film sont, paraît-il, très habillées. Est-ce que ça ne vous dérange pas de jouer habillée devant une caméra ? »

La comédienne rit. Moi aussi. J'ai toujours été un bon client de l'humour de Collaro.

Dans le même registre, lors d'une enquête sur la privatisation des lavatories parisiens, à une « dame-pipi » qui lui expliquait que, le midi, elle préparait ses repas dans sa minuscule loge, Stéphane avait demandé : « Et les odeurs de cuisine ne dérangent pas les gens ? »

10

Et Desproges vint...

« Voici un petit nouveau qui nous vient du journal *L'Aurore*... » C'est tout ce qu'a dit Jacques Martin, le dimanche 26 octobre 1975, quand il a présenté pour la première fois notre nouveau compagnon de route aux téléspectateurs. Que pouvait-il ajouter ? À trente-six ans, Pierre n'avait encore rien fait de notable. Il écrivait dans un quotidien en voie d'abandon par ses lecteurs, qui disparaîtra d'ailleurs quelques années plus tard. C'est là que Jacques avait découvert son nom, au bas d'une rubrique intitulée « Bref », dont il appréciait l'humour. Desproges y rassemblait des petites nouvelles anodines, collectées parmi les dépêches d'agence, mais qu'il réécrivait dans un style très personnel. On cite souvent cette brève qui avait ravi Jacques : « Le Belge John Huysmans a réussi à tirer une locomotive sur cent cinquante mètres à la seule force de ses dents. À notre connaissance, c'est la première fois qu'un Belge s'appelle John. »

À la recherche de nouveaux journalistes, après le départ, fin juin, de Robert Lassus et Philippe Couderc, il lui avait téléphoné pour lui proposer de venir renforcer l'équipe. Mais il n'était pas du tout certain qu'il allait faire l'affaire. Pierre ne connaissait rien à la télévision. Était-il capable d'adapter son style à cette nouvelle forme d'expression ? Et son sens de l'absurde allait-il toucher le vaste public populaire de l'émission ?

À voir le premier reportage qu'il a présenté ce jour-là, il était permis d'en douter. Investi par Martin du rôle de « critique littéraire » de l'émission, il était allé interviewer un modeste écrivain auvergnat, Marcel Angelvin, qui avait publié des histoires en patois sous le titre *Moun pays, moun patois*. En s'adressant à cet homme simple, en costume folklorique, comme à un grand auteur de la littérature étrangère, et en ayant recours à l'interprète américain des *Dossiers de l'Écran* pour traduire ses histoires, il espérait sans doute provoquer un effet comique irrésistible. Mais son acharnement à placer le personnage, sympathique au demeurant, dans une situation ridicule suscitait plutôt un certain malaise. C'était désolant.

En dépit de ce ratage, son arrivée sur le petit écran n'avait laissé personne indifférent. Les téléspectateurs avaient découvert une « gueule » pas comme les autres, une sorte de Buster Keaton au regard triste et au parler bafouillant. Plutôt que d'être victime de son trac et de sa timidité, il avait en effet pris le parti de les exagérer, d'en jouer, pour faire rire le public. Opération réussie. « Surtout ne change rien, lui dit Jacques à la fin de l'émission. Garde ta mine sinistre et ton personnage d'ahuri. Ce sera ta signature. »

Pierre Desproges était né. À trente-six ans. Sur le plateau du *Petit Rapporteur*.

L'interview de Sagan

Mais il a bien failli retourner dans l'ombre dès la semaine suivante. Car Jacques Martin, quand même, l'attendait à son deuxième reportage. Or celui-ci n'a pas été plus convaincant que le premier. Il avait choisi, cette fois, de pratiquer l'autodérision. Au lendemain de ses débuts télévisés, on le voyait accoster les gens, dans la rue, tout content de lui, pour leur demander s'ils le reconnaissaient... Et malgré leurs réponses négatives, il insistait pour leur offrir une photo dédicacée. Intellectuellement, la démarche était assez drôle. On devinait l'intention de se moquer des fausses gloires audiovisuelles. Mais pratiquement, l'impression dominante était celle d'un « bide » complet.

À la fin de l'émission, Jacques en tira la conclusion qui lui semblait s'imposer. « Il faut le virer ! » déclara-t-il à Bernard Lion, à qui il laissait volontiers le soin d'exécuter les tâches désagréables. « Dis-lui que c'est terminé. » D'autres avant lui, tel Pierre Douglas, avaient connu le même sort fatal à l'issue de leur premier essai raté.

Par bonheur – pour Desproges comme pour l'émission – Bernard réussit à le persuader de patienter. Le dimanche suivant, Pierre nous apportait en effet l'un des reportages qui ont bâti sa célébrité, l'un de ceux qui sont le plus souvent rediffusés : l'étonnante, l'inoubliable interview de Françoise Sagan.

On se souvient des premiers mots de leur conversation :

« Françoise Sagan, comment ça va la petite santé ? »

Puis il l'interrogeait sur le tissu de sa robe :

« C'est bien ? Ça ne peluche pas ?... Et ça se lave comment ? À l'eau tiède ?

– Euh... oui, enfin, je la porte plutôt chez le teinturier, répondait Sagan.

– Moi aussi, quand j'ai pas le temps, je donne des trucs chez le teinturier. Sinon, on serait toujours en train de faire la lessive. »

Il sortait ensuite de sa poche des photos de vacances, devant la romancière de plus en plus décontenancée.

« C'était chez mon beau-frère, près de Limoges... On s'est bien marrés. Vous connaissez le Limousin ? »

Et il terminait en lui demandant une tasse de tilleul avec des mouillettes !

Il avait inventé l'anti-interview, une formule qui sera largement copiée par la suite.

Je n'ai jamais pu savoir si Françoise Sagan était de connivence, peu ou prou, avec lui, ou si sa surprise, devant les questions de Desproges, était totale. Peu importe, après tout. Le résultat, cette fois, était d'une drôlerie redoutable. Dans l'émission *Boîte à Lettres*, en 1986, évoquant ce moment, Desproges parlera simplement de « complicité » : « Je ne sais pas si elle a fait semblant de parler à un imbécile ou si elle a vraiment cru que j'en étais un, dira-t-il, mais il y a eu une espèce de complicité surprenante. Seulement voilà, j'étais inconnu et je bénéficiais de l'effet de surprise. Non seulement Sagan ne savait pas que j'étais le rigolo notoire que je suis devenu, mais personne ne le savait. »

Sans rancune, Françoise Sagan l'invita à dîner quelques jours après la diffusion du reportage et déboucha pour l'occasion une bouteille de Mouton-Rothschild 1947 dont il gardera toute sa vie un souvenir ébloui.

Il était tentant, après un tel triomphe, de rééditer l'expérience avec un autre poids lourd du microcosme littéraire. Desproges choisit de s'attaquer à Roger Peyrefitte, qui venait de publier un livre sur le faussaire Fernand Legros et qui était donc prêt à tout pour passer à la télévision, pourvu qu'on en parle. C'est ce qui a fait capoter la tentative. Quand Pierre lui a demandé de se mettre en robe de chambre et de faire l'interview assis sur le lit de sa chambre à coucher, il a accepté sans difficulté. Il a eu l'air de s'amuser comme un petit fou quand Desproges lui a proposé de jouer à « Pince-mi et Pince-moi sont dans un bateau ». Il ne s'est pas fait prier pour chanter *Mam'zelle Angèle* en se roulant sur le lit avec Pierre. Il a mangé avec gourmandise les biscuits que celui-ci lui a offerts inopinément au milieu de l'interview... Très habilement, l'écrivain désamorçait ainsi tous les efforts de Desproges pour le déstabiliser. Et le rire, finalement, ne fut pas au rendez-vous. Les miracles n'ont lieu qu'une fois.

Il a recommencé son numéro, néanmoins, avec Françoise Mallet-Joris, de l'académie Goncourt. Il a tout essayé pour la surprendre : il lui a appris à jouer à « tapouti-tapouta », en tapant dans les mains, il lui a fait chanter *Je te tiens, tu me tiens par la barbichette*, il lui a demandé d'analyser les paroles de *La Pêche aux moules* et de *Mam'zelle Angèle*... Mais on sentait bien que le piège était éventé. Il ne fonctionnait plus. Le seul moment où la romancière s'est montrée désarçonnée, c'est quand il lui a brusquement demandé, en cours d'interview : « Est-ce que Berck a une chance contre Le Mans ? » Le silence qui suivit et la tête désemparée de Françoise Mallet-Joris étaient réellement savoureux.

Poêle à frire !

Plus réussi : son reportage au restaurant Drouant à la veille du déjeuner annuel des jurés du prix Goncourt, en novembre. Dans le petit salon du premier étage, où la table est déjà dressée, il est en compagnie du directeur du restaurant, un peu guindé, et lui pose des questions incongrues :

« Est-il vrai qu'Hervé Bazin, avant de s'en aller, ramasse les restes du repas pour sa maman ?

— Je ne l'ai jamais vu faire », répond l'autre.

Puis il demande à visiter les toilettes qu'utiliseront les jurés et fait la revue de détail, toujours suivi du directeur qui jette des regards de naufragé vers la caméra : « C'est propre, constate-t-il... Les savons n'ont pas beaucoup servi. » Il essaie la chasse d'eau, vérifie la qualité du papier, admire la lunette en bois verni... Toujours la même technique : mettre mal à l'aise des gens réputés sérieux en revendiquant le droit à l'insolence. « Je ne crois pas qu'on puisse être drôle en étant poli », dira-t-il à *Télérama*.

Mais ça ne marche pas à tous les coups. Quand il va voir le secrétaire général de la Ligue française pour l'utilisation du subjonctif, M. Barthélémy Lemoiscourt, avec l'intention évidente de se payer sa tête, il se plante. Parce qu'il est tombé sur un homme passionné, un amoureux de la langue française, un peu ridicule certes, mais d'une sincérité touchante. Résultat : les flèches empoisonnées glissent sur lui comme la rosée sur les plumes du canard...

Comme il a le sentiment que sa rubrique littéraire est devenue une impasse, il tente d'en sortir. Il a lu qu'un « coiffeur-capilliculteur » avait mis au point une nouvelle technique d'implants capillaires. Il va le questionner et il ponctue toutes ses réponses de « poil au nez », « poil aux dents », « poil aux pattes », « poil au genou »...

Il conclut en disant : « J'espère que ce divertissement vous aura bien fait rire... Poêle à frire ! »

Ouais... De toute évidence, à cette période, il se cherche. Il faut bien comprendre qu'il n'était pas facile de trouver sa place dans une équipe et dans une émission qui fonctionnaient déjà depuis dix mois. Il avait aussi quelques difficultés à se plier aux lois de l'écriture audiovisuelle. « Son humour était essentiellement verbal, il jouait avec les mots, explique le réalisateur Karel Prokop, qui a travaillé avec lui sur plusieurs tournages. Il se foutait complètement des images. J'avais beaucoup de mal à lui faire admettre qu'il me fallait des illustrations et un minimum de mise en scène. » À maintes reprises, d'ailleurs, Jacques redira à Bernard Lion son intention de le « virer ». Mais il ne le faisait pas. Il hésitait à se priver de cette gueule de clown triste, qui avait immédiatement conquis le public et dont il se servait, en plateau, pour obtenir des effets comiques.

Il forçait le trait à toute occasion : « Regardez, on dirait un flan à la vanille dans un réfrigérateur en panne ! À croire qu'il a passé sa vie à lire *L'Enjeu* ! » (C'est le titre du livre très ennuyeux que vient de publier Jacques Chirac.) Un dimanche, Martin montre un drôle d'appareil envoyé par un téléspectateur à l'intention de Pierre. Un appareil « qui permet de sourire à ceux qui n'ont pas envie de rire », selon l'inventeur. Il se compose de deux élastiques tendus par des crochets qu'il suffit de fixer aux commissures des lèvres.

Et Jacques s'approche de l'impavide Desproges pour se livrer à une démonstration.

Desproges, de son côté, se prête à toutes les excentricités et se convertit volontiers en amuseur de fin de banquets, pour complaire à Martin. Il monte sur la table pour mimer la poule en train de pondre un œuf, il imite le cri du cochon qu'on égorge... Cela fait partie des blagues auxquelles il a l'habitude de se livrer avec ses copains. Quand Martin lui annonce, le dimanche suivant, que des téléspectateurs de l'Ardèche prétendent avoir reconnu le cri du cochon ardéchois et qu'ils lui ont envoyé un jambon en remerciement, il répond, toujours aussi lugubre : « La prochaine fois, j'imiterai le cri de l'esturgeon. »

Le vrai Desproges

Le 4 janvier 1976, Desproges est présent sur le plateau sans avoir de reportage à présenter. Il a tourné un sujet, comme d'habitude, mais qui n'a pas plu à Jacques. Comme il faut quand même remplir les quarante-cinq minutes de l'émission, Jacques lui propose une solution de dépannage. Il l'invite à lire quelques-unes des brèves qu'il écrivait pour *L'Aurore* et qui avaient attiré son attention vers lui, à l'origine. Cela deviendra une séquence irrégulière, à vocation de « bouche-trou », intitulée « Nouvelles internationales ». Quelques exemples :

« *C'était le bon temps !* »

« À Pontiac, devant six mille fans déchaînés, Elvis Presley chantait *J'ai le cœur serré* quand sa culotte a craqué. »

« Pendant qu'il battait un record du monde en mangeant un pneu de vélo en 1 h 22' 45", Franck Longland s'est fait voler le reste de sa bicyclette. Il a été privé de dessert. »

« C'est alors qu'il cherchait un éditeur dans une rue encombrée de Phoenix que John Moretti, l'auteur de *Comment j'ai réussi à ne pas vieillir*, est passé sous un autobus. »

« M. X, quarante et un ans, est certainement le roi du détournement. En moins de cinq ans, il a réussi à détourner une mineure, quinze mille dollars et un avion. Et quand on lui en parle, il détourne la conversation. »

« Un pigeon voyageur a parcouru la distance Sofia-Virnovo en 5 h 10'. Quand on connaît la distance qui sépare les deux villes, c'est fascinant. Quand on ne la connaît pas, on s'en fout. »

« 25 % des personnes interrogées par le *Sunday People* estiment que les journalistes déforment la vérité. Mais vous n'êtes pas obligés de me croire*. »

Le public du studio ne se tordait pas forcément de rire mais il découvrait, légèrement perplexe, le vrai Pierre Desproges.

---

* Extraits tirés de Pierre Desproges, *Le Petit Reporter*, Éditions du Seuil, 1999, coll. « Points », 2001.

Tous pareils !

Sa plus belle réussite, selon moi, Pierre l'a obtenue en traitant un sujet sur lequel on ne l'attendait pas : le racisme. Une semaine avant Noël, suivi de son cameraman, il est descendu dans les rues illuminées du 16ᵉ arrondissement, et, timidement, il a interpellé les passantes en leur disant :

« Bonjour, madame. Est-ce qu'il vous serait possible d'héberger un couple d'immigrés, un charpentier et sa femme, pendant quelques jours. Elle est enceinte et elle risque d'accoucher dans la nuit du 24 au 25. Il leur faut absolument trouver une chambre...

– Ah non, je ne serai pas à Paris pour Noël, dit l'une.

– Non, non, avec la meilleure volonté du monde », répond l'autre.

Il insiste auprès d'une dame en manteau de fourrure :

« Ils viennent de Palestine, mais ils sont sympathiques, ils sont propres... Elle ne va tout de même pas accoucher dans une crèche, dans une étable ! »

Mais la dame s'éloigne en maugréant.

Pierre change alors de quartier. À Barbès, il aborde le cuisinier d'un restaurant algérien, Abdel Kader :

« J'ai un couple d'amis immigrés qui est arrivé, ils ont faim...

– Je vais demander au patron, on va leur donner une ration de couscous, dit le cuisinier avec son bon accent de Bab-el-Oued.

– En plus, ils ont besoin d'une chambre, pour la nuit du 24 au 25, ils n'ont pas les moyens de payer l'hôtel.

– Amène-les, on va se débrouiller…

– Mais ils sont juifs…

– C'est pareil ! s'anime-t-il. N'importe quelle race, c'est pareil ! Nous sommes tous pareils, noirs, ou français, ou américains… Tous pareils ! »

Dans le studio, les répliques du cuisinier algérien ont été spontanément saluées d'applaudissements. Toute la France est bouleversée par ce vrai conte de Noël, dont la force, justement, est d'être une histoire vraie. Plusieurs ambassades arabes écrivent à Jacques Martin pour le remercier. La Licra lui attribue un prix et une médaille d'or. Cette fois, Pierre a fait l'unanimité, en révélant un aspect de sa personnalité qu'il cachait soigneusement.

Un duo d'enfer

Trois semaines avant Pierre Desproges, le 5 octobre 1975, Daniel Prévost avait fait une entrée remarquée dans *Le Petit Rapporteur*. À la différence des autres « mousquetaires », il n'était pas journaliste, mais Jacques comptait sur lui pour apporter un grain de folie dans l'émission. En le présentant, le 5 octobre, il avait dit : « Nous avons engagé un humoriste secret, difficile à percer, qui y mettra du temps mais un jour on saura qui est Daniel Prévost. C'est un drôle de bonhomme avec des idées folles dans la tête. »

Ils se connaissaient et s'appréciaient depuis long-temps. À leurs débuts, en 1962, ils avaient joué ensemble *Le Misanthrope*, sous la direction de René Dupuis. Jacques, qui arrivait de Radio Strasbourg, interprétait le rôle d'Oronte, Daniel celui d'Acaste, Danièle Lebrun était Célimène.

Il était l'un de ces seconds rôles comiques dont le cinéma français était friand. Jean Yanne l'avait engagé en 1972 pour son film *Tout le monde il est beau, tout le monde il est gentil*, puis pour *Moi y'en a vouloir des sous* et *Les Chinois à Paris*. On l'avait aperçu également dans *Comment réussir quand on est con et pleurnichard*, de Michel Audiard, *Je ne sais rien mais je dirai tout*, de Pierre Richard, et quelques autres films de série B signés Jean Girault ou Raoul André. Mais Jacques, qui le revoyait souvent, savait qu'il valait mieux que ça.

Entre Desproges et lui, s'est très vite établie une grande complicité. Ils ont senti le besoin de se rappro-cher, me semble-t-il, parce qu'ils étaient les petits nou-veaux... les derniers arrivés au pensionnat. C'était une réaction de défense. Face aux « grands », et en particu-lier au couple Martin-Collaro, les « caïds » de la cour de récréation, ils ont formé un autre duo, qui a fonctionné à merveille car ils avaient le même sens de l'absurde.

Ensemble, ils ont produit deux petits chefs-d'œuvre. Le plus populaire, bien sûr, c'est leur bataille avec du boudin blanc dans une charcuterie parisienne.

Daniel Prévost m'a assuré qu'elle n'était absolument pas préméditée. Tous les deux étaient en panne de sujets, cette semaine-là. Puisqu'on était dans la période de Noël, ils se sont résolus à faire « quelque chose de drôle » autour du boudin blanc, mais ils n'avaient pas d'idée précise. Ils ont commencé par entrer dans une teinturerie avec un boudin noir pour demander qu'on le teigne en blanc, mais le gag a tourné court. Alors ils ont pénétré dans cette charcuterie et, pour tester les réactions de la patronne, ils se sont mis à mordre tous les deux dans un boudin blanc sous prétexte de le goûter. Puis ils se sont laissés aller dans l'escalade, comme deux gamins. Pliés de rire, sous les yeux effarés des clientes et de la charcutière, ils se sont jeté du boudin blanc à la figure jusqu'à en tapisser le sol de la boutique.

Ce gaspillage de nourriture n'a pas manqué de choquer bon nombre de téléspectateurs mais, encore une fois, c'était ça l'esprit du *Petit Rapporteur* : aller le plus loin possible dans la provocation, explorer les limites de l'insolence, de la dérision… et aussi de la stupidité parfois. En acceptant ce risque.

Le duo s'est reformé pour essayer de piéger l'écrivain Jean-Édern Hallier, qui venait de publier un article sur « la bataille de l'édition » et qui avait échappé récemment à un attentat à la bombe qu'on le soupçonnait d'avoir lui-même organisé. Ils se sont présentés à lui comme deux critiques littéraires et, assis l'un en face de l'autre, encadrant celui qu'on désignait comme « le plus brillant écrivain de sa génération », ils ont commencé l'interview :

« La bataille de l'édition, commente gravement Hallier, est plus importante qu'il n'y paraît. L'écrivain est comme le paysan prolétarisé avec ses pommes de terre... »

Mais Daniel Prévost le coupe :

« Vous avez l'air fatigué. Vous avez fait la bombe ?

— Je trouve la question déplacée, réplique-t-il, la bouche pincée.

— C'est une question complètement débile, renchérit Desproges en s'adressant à Prévost. Qu'est-ce que c'est que ce critique à la gomme ? »

Et ils se mettent à s'engueuler furieusement en oubliant la présence de Jean-Édern Hallier, dont l'air désemparé fait peine à voir.

« Et d'abord, qui c'est qui touche aux éditions du Seuil, hein ? Qui c'est qui touche ? », lance Desproges à son compère.

Ils finissent par se lever et en venir aux mains, tandis que l'écrivain, tout en essayant de les séparer, les sermonne : « Un peu de dignité, messieurs, s'il vous plaît ! »

Pas un seul instant il n'a deviné qu'il était la victime d'une mise en scène. Nos deux lascars avaient improvisé leur dispute avec un tel naturel qu'ils l'ont dupé jusqu'au bout. Il s'est montré beau joueur, toutefois, et ne s'est pas opposé à la diffusion de la séquence, comme l'avait fait l'un de ses confrères.

Selon Desproges, c'est Martin qui aurait mis un terme à son alliance avec Prévost, en déclarant : « Maintenant, Laurel et Hardy, ça suffit ! » Je suis surpris que Jacques se soit délibérément privé d'un duo aussi efficace, mais je sais aussi qu'il tenait à garder la maîtrise des opérations. Il a craint, sans doute, que se forme au sein de l'équipe un clan qui échapperait à son contrôle.

Le culot de Daniel Prévost

« À ma gauche, Daniel Prévost ! Dépêchez-vous d'en profiter gratuitement, car bientôt il vaudra quatre cents millions par film ! » Cette prédiction de Martin, un dimanche, au moment de la traditionnelle présentation de l'équipe, ne s'est peut-être pas entièrement réalisée (quoique… ça dépend de quels francs on parle), mais il n'y a pas de doute que, depuis le temps du *Petit Rapporteur*, les cachets de Prévost ont largement augmenté… Jacques, une fois de plus, avait repéré un talent original, et il lui a permis d'accroître une notoriété méritée.

Il a, de son côté, énormément apporté à l'émission, tout comme Desproges. Si notre audience est passée de dix-neuf à vingt-huit millions de téléspectateurs entre novembre 1975 et février 1976, ils y sont assurément pour beaucoup, l'un et l'autre.

Je ne reviendrai pas sur Montcuq, qui va faire passer son auteur à la postérité. Daniel ne supporte plus qu'on lui en parle, d'ailleurs, parce qu'il doit avoir l'impression que le succès de cette pochade éclipse, dans l'esprit des gens, des moments bien plus importants de sa carrière. J'ai déjà raconté, d'autre part, comment il avait réussi à faire chanter *La Pêche aux moules* à des députés, dans les couloirs de l'Assemblée nationale. Il a fait preuve du même toupet en essayant de soudoyer deux sénateurs, à la veille du vote du budget de l'audiovisuel, pour obtenir que TF1 reçoive davantage de crédits que la deuxième chaîne !

Telle est du moins la demande qu'il formule quand il aborde, dans les salons lambrissés du Sénat, le président du groupe UDR, M. Carous, sénateur-maire de Valenciennes :

« Est-ce que vous pourriez user de votre influence, monsieur le président, pour que TF1 dispose d'un budget plus important ? »

Comme le sénateur se refuse à envisager une telle démarche, Daniel se jette brusquement à ses pieds pour le supplier de faire un effort et, sortant une brosse de sa poche, il se met à astiquer ses chaussures :

« Je suis prêt à tout pour vous faire plaisir ! jure-t-il.

– Ne vous fatiguez pas, nous avons des machines à cirer, au Sénat, répond calmement le sénateur.

– Avez-vous besoin d'une montre ?

163

— Non merci, j'ai ce qu'il faut, dit-il en montrant sa Rolex.

— Qu'est-ce que je peux vous faire comme cadeau ?

— Mais vous êtes en train de vouloir acheter un parlementaire ! lui fait remarquer le sénateur.

— Et ça vaut cher ?

— Ça coûte très cher en jours de prison quand on se fait prendre.

— Alors, est-ce que je peux vous embrasser ?

— Oh, pourquoi pas ? » consent-il à Daniel qui se précipite aussitôt sur lui.

Avec M. Gros, vice-président du Sénat, il va encore plus loin. Assis à côté de lui, sur le canapé de son bureau, il commence par s'inquiéter de son confort : « Vous êtes bien installé ? Je tiens à ce que vous soyez à l'aise... Vous n'avez pas trop chaud, avec les projecteurs ?... La position vous convient, pour tourner ? » Puis, après avoir exposé l'objet de sa visite, il renouvelle sa tentative de séduction : « Qu'est-ce qui vous ferait plaisir pour Noël ? Parce que nous avons vraiment très, très envie de vous faire plaisir. » Tout en parlant, avec sa brosse, il ôte quelques poussières imaginaires sur le revers du veston du sénateur. « C'est mieux comme ça ? » demande-t-il au cameraman.

« C'est le côté comique de votre interview ? intervient M. Gros, qui ne sait plus trop comment se comporter devant une caméra que les politiques n'avaient pas encore appris à apprivoiser.

– Pas du tout, c'est le côté... attentif ! », assure Daniel avec son plus gracieux sourire.

Finalement, le vice-président du Sénat, pressé de mettre un terme au supplice, veut bien promettre d'examiner sa requête avec bienveillance, ce qui lui vaut de se faire embrasser, à son tour, par Daniel.

« Vous êtes fou ! On va tous aller vous voir mardi en taule ! », s'écrie Jacques Martin après la diffusion du reportage. Il le félicite néanmoins d'avoir été « la Jeanne d'Arc de TF1 ».

« J'espère que je ne finirai pas comme elle ! plaisante Prévost.

– Si, si, croyez-moi ! »

Le reportage, en vérité, n'eut aucune suite fâcheuse. Le Sénat n'émit pas la moindre remontrance. Il en faut plus pour ébranler une institution aussi solide ! Les questeurs, toutefois, donnèrent des consignes visant à en interdire l'accès aux équipes du *Petit Rapporteur*. Daniel avait pu pénétrer dans la prestigieuse enceinte grâce à son réalisateur, Karel Prokop, qui travaillait également pour le JT de 20 heures et qui avait donc présenté sa carte de presse officielle, barrée de tricolore. Mais c'est le genre de ruse qui s'évente vite.

En plein délire

Comme Jacques, j'aimais les délires dans lesquels Prévost pouvait se laisser emporter. Je n'ai pas oublié son réveillon sur l'esplanade du Trocadéro, à la fois drôle et tragique.

L'idée de départ était de montrer que, même tout seul, on peut réveillonner joyeusement. On le voyait debout sur l'esplanade déserte, coiffé d'un chapeau pointu, se forçant à rire aux éclats pour dire : « Je suis tout seul, mais j'ai décidé que, même si je suis tout seul, je vais m'amuser ! » Devant lui, sur une petite table pliante, s'étalent plein d'accessoires de cotillons. « Vous voyez, j'ai tout ce qu'il faut pour m'amuser. » Et il commence à faire la fête. Désespérément seul. Il souffle dans une trompette, il s'asperge de confettis, il lance des serpentins, il enfile un masque de carnaval, il entame une farandole autour de la table. « Je suis tout seul, mais je m'amuse. Ah, ah !... À un moment donné, je vais me raconter une histoire drôle... C'est une poule qui dit à sa voisine poule : je vous présente mes meilleurs œufs. Ah, ah, ah ! Alors je dis : une autre, une autre ! Et puis après je danse avec moi, fait-il en mimant un slow. À la fin, je me présente mes meilleurs vœux :

– Que l'année soit très bonne pour moi !

– Je vous remercie.

– Moi de même. Et j'espère que je me reverrai l'année prochaine. »

Sous le rire incessant, métallique de Prévost, on sentait poindre, douloureuse, l'angoisse non avouée de la solitude. On n'était pas loin de l'humour pathétique de certaines scènes de Charlie Chaplin.

Autre séquence délirante et mémorable : quand Daniel est parti à New York pour tenter d'obtenir des Américains qu'ils acceptent de laisser atterrir le Concorde, accusé de faire trop de bruit. Il avait entrepris une première opération de « lobbying », à Paris, en se présentant à l'ambassade des États-Unis avec une bouteille de vin rouge, un camembert et un saucisson qu'il voulait remettre personnellement à l'ambassadeur ! Vigoureusement repoussé par les gardes, il s'était donc envolé vers New York, où on a pu le voir se promener dans les rues de Manhattan en tapant à tour de bras sur une grosse caisse surmontée de cymbales, tout en expliquant aux passants, dans un franglais irrésistible, que le Concorde produisait moins de décibels que son instrument. On l'a retrouvé au Madison Square Garden, toujours avec sa grosse caisse sur le ventre, en train d'organiser un meeting sur le thème « Concorde is good for you ! », puis à l'aéroport Kennedy pour essayer de gagner les riverains à sa cause. Là encore, quelle invention et quel culot !

Mais la plupart des tournages que Daniel a effectués pour *Le Petit Rapporteur* sont difficiles à raconter car, très

souvent, leur drôlerie reposait avant tout sur les innom-
brables déguisements qu'il empruntait et sur ses talents
de comédien.

La rupture

Pierre Desproges est apparu pour la dernière fois dans
Le Petit Rapporteur le dimanche 4 avril 1976. Quand
Martin le présente, au début de l'émission, il a l'air de
« faire la gueule », mais on ne peut rien en déduire puisque c'est son masque habituel. Cette fois, pourtant, il est
vraiment de mauvaise humeur. Jacques n'a pas aimé le
reportage qu'il a tourné dans la semaine et l'a obligé, la
veille au soir, à le remanier afin de le rendre plus percu-
tant. Nous étions tous accoutumés à subir les critiques et
même les engueulades de Jacques, au moment où il
venait visionner nos sujets terminés dans la salle de montage de la SFP, mais Desproges, qui avait acquis en quelques mois une notoriété considérable et une assurance
proportionnelle, les endurait de plus en plus mal. Leurs
ego surdimensionnés se révélaient difficilement compa-
tibles.
Ce jour-là, le reportage de Pierre, je dois en convenir,
n'était pas très bon. Sous le prétexte d'aider les marchands de quatre saisons à lutter contre la concurrence
des grandes surfaces, il était allé rue Lepic leur donner
quelques leçons de marketing et de merchandising,

sachant que le merchandising, expliquait un spécialiste, est l'art d'optimiser le mètre linéaire et que le marketing a pour but de « transformer un pouvoir d'achat latent en une demande expresse du marché »...

Dans le public, les rires ne fusaient pas. Le seul effet comique – mais un peu répétitif – était la mine ahurie des petits commerçants quand Desproges prononçait les mots marketing et merchandising. À la fin du reportage, d'ailleurs, Jacques ne fit aucun commentaire, alors qu'il avait l'habitude de rebondir sur nos sujets pour souligner une phrase ou une image amusante. La tension, sur le plateau, était palpable.

Le clash se produisit le dimanche suivant. En arrivant au studio 101 pour la répétition, Pierre apprend que son reportage n'est pas programmé dans l'émission. Martin l'a écarté, au dernier moment. Il entre alors dans une violente colère et quitte brutalement le plateau, une demi-heure avant la prise d'antenne, en déclarant qu'il n'est pas payé pour faire de la figuration et qu'il ne faut plus compter sur lui.

La plus étonnée fut son épouse, Hélène, qui l'avait vu partir le matin, comme d'habitude, pour le studio. « Quand est venue l'heure de l'émission, se souvient-elle, j'ai allumé le poste de télé, acheté quelques mois auparavant. Et je ne l'ai pas vu ! Sa place, à côté de vous, était vide ! Connaissant l'oiseau, je me suis douté qu'il y avait eu un problème. Mais je n'ai pas eu le temps de me poser des questions. J'ai entendu la porte de l'appartement claquer. C'était Pierre, qui m'a tout expliqué. »

169

Nous allions devoir poursuivre l'émission, jusqu'en juin, avec un journaliste en moins… et pas des moindres.

« Je baise moins bien… »

Dans une interview à *Télé 7 jours*, Desproges a sobrement expliqué son abandon : « Je ne m'amusais plus et je n'amusais plus les autres. Martin est très content de lui. Moi je suis généralement content de moi. Mais on n'est pas forcément contents l'un de l'autre. » Je pense que c'est une bonne analyse. Plus tard, il ajoutera : « Si je me mets à m'abaisser à mes propres yeux, je deviens malheureux. Je baise moins bien. C'était le cas au *Petit Rapporteur*. Martin coupait les sujets. J'aurais pu faire du "bite-couille"… J'ai préféré retourner à *L'Aurore* avec mon salaire d'avant. »

Là, je le soupçonne d'être de mauvaise foi. L'humour pratiqué au *Petit Rapporteur* n'a pas toujours été de premier choix mais il s'est toujours tenu éloigné, précisément, de ce qu'il appelle le « bite-couille ». Voilà des mots qui n'ont jamais eu cours dans l'émission. Un jour, alors que Jacques Martin parlait de Brigitte Bardot et de sa passion pour les petites bêtes, Daniel Prévost le coupa pour dire : « J'aimerais bien qu'elle s'occupe aussi de la mienne ! » Il y eut un court silence, et Jacques continua comme s'il n'avait rien entendu. Ce n'était pas le genre de la maison…

170

Pierre Desproges fera d'autres déclarations tout aussi contestables : « Je ne peux pas vivre en m'humiliant. Or Jacques Martin humiliait ses collaborateurs. Il allait jusqu'à les insulter devant leurs femmes et leurs enfants. » N'exagérons rien. En plateau, c'est vrai, il se moquait de façon récurrente du nez de Collaro, de mon crâne d'œuf, de l'âge de Piem, mais c'était un jeu, dont nous acceptions les règles. Raillant souvent les autres, il était juste, d'autre part, que nous tolérions nous-mêmes d'être brocardés. Je me suis aperçu, du reste, qu'en ayant l'air de nous « martyriser », Jacques attirait sur nous la sympathie qu'on accorde inconsciemment aux victimes. Indirectement, il nous valorisait.

Le seul membre de l'équipe avec lequel il a peut-être dépassé les bornes, comme on le verra plus loin, c'est Robert Lassus, qui a cheminé avec nous pendant les six premiers mois de l'émission.

Bon, certaines fois, je l'admets, le comportement de Jacques pouvait être pénible. Le dimanche à 10 heures – l'heure de notre rendez-vous au studio 101 de la Maison de la Radio – je l'ai vu arriver d'une humeur massacrante parce que, disait-il, nous avions tous fait « de la merde », et qu'on allait donc faire une émission de merde... Un jour, cinq minutes avant le démarrage de l'émission en direct, il a même quitté le plateau en nous lançant : « Vous êtes trop nuls, démerdez-vous ! » On imagine l'angoisse de l'équipe ! Au dernier moment, il est revenu s'asseoir à sa place et, miracle ! quand la

171

caméra est arrivée sur lui, c'est un Martin souriant, avec le punch, la jovialité coutumière, qui s'est adressé aux téléspectateurs.

Peu de temps avant de disparaître à son tour, en avril dernier, Bernard Lion s'en étonnait encore devant moi : « Il avait cette capacité de se vider complètement la tête et de faire resurgir soudain le meilleur de lui-même dès que le rouge était mis. » Son talent d'improvisation, sa prodigieuse inventivité lui permettaient alors de sauver une émission promise au désastre.

Pour en revenir à Desproges, dans l'excellent livre qu'il lui a consacré, Dominique Chabrol cite une de ses phrases, prononcée sur le ton de la plaisanterie mais qui éclaire peut-être ses rapports tumultueux avec Jacques : « Je lui dois tout et ça me rend malade ! C'est vrai que ce type-là, je lui dois beaucoup... »

Jacques, quant à lui, s'est gardé d'exprimer la moindre remarque désagréable, au moment de son départ, et par la suite, il a souvent exprimé l'admiration qu'il lui portait.

11

« La Brosse à reluire »

Je n'ai pas encore évoqué l'une des séquences qui ont installé la célébrité de l'émission et sa réputation d'impertinence : « La Brosse à reluire ».

C'était une idée qui trottait depuis longtemps dans la tête de Martin. Rien ne le faisait plus rire que la suffisance, la prétention d'un certain nombre de figures du Tout-Paris, qui avaient une si haute estime d'elles-mêmes qu'aucun compliment ne leur paraissait excessif. On les rencontrait aussi bien dans le monde politique que dans celui des lettres ou du spectacle, et Jacques rêvait du jour où il pourrait jouer de leur fatuité pour les ridiculiser aux yeux du public. *Le Petit Rapporteur* allait lui en donner l'occasion.

Dès le premier mois de l'émission, il charge Robert Lassus de trouver une victime. Le choix se porte sur l'écrivain Maurice Druon qui parade aussi bien dans les milieux politiques que littéraires puisqu'il a été élu à l'Académie française en 1966 et qu'il a été ministre des Affaires culturelles de 1973 à 1974, dans le gouvernement Messmer. C'est lui qui a écrit *Les Rois maudits*, dont le succès à la télévision l'a gonflé d'importance. Il jouit en outre d'une considération déférente pour avoir signé les paroles du *Chant des Partisans*, en 1944, avec son oncle Joseph Kessel.

Voilà le monstre sacré auquel s'attaque Robert Lassus, en ce mois de février 1975, avec la mission suivante : l'interviewer en enrobant les questions de flatteries de plus en plus grosses pour voir jusqu'où va sa suffisance.

Robert avait préparé un certain nombre de prétendues citations, attribuées à des confrères, qu'il a servies de son air le plus sérieux à un Maurice Druon satisfait, qui accueillait ces flagorneries avec un sourire faussement modeste. Exemples :

« J'ai lu dans un journal : "En devenant conseiller national de l'UDR, Maurice Druon a mis son immense talent au service de la nation." Qu'en pensez-vous ?

– Immense ? Ce n'est pas à moi d'en juger, tempère-t-il en se rengorgeant.

– On a dit que votre adieu à de Gaulle, c'était du Bossuet...

– On a dit cela ? s'étonne à peine l'écrivain. Mais la grandeur était dans le sujet.

– J'ai entendu cette phrase : Maurice Druon est à la fois l'Alexandre Dumas et le Michelet du XXᵉ siècle...

– On a dit cela aussi ? Je pense que je fais autre chose.

– Druon mérite-t-il le prix Nobel ?

– C'est une question que je ne me suis jamais posée », répond-il, tout en souriant béatement à la perspective d'un tel honneur.

Au montage, pour appuyer l'effet comique, Jacques avait fait incruster, sur chaque question, un plan de « cirage de pompes ». On y voyait une main anonyme actionner vigoureusement une brosse à reluire sur une paire de bottes.

L'arroseur arrosé

Ce reportage eut un retentissement considérable car il ne mesurait pas seulement la fatuité de l'interviewé, qui, à aucun moment, n'avait flairé le piège. Il montrait aussi quel degré d'irrévérence pouvait atteindre l'émission. Pour l'époque, c'était ahurissant.

Tout heureux de son exploit, Robert Lassus se mit à la recherche d'autres interlocuteurs de la même espèce. Ils ne manquaient pas. Il résolut de tenter l'expérience avec Tino Rossi, dont la tête avait beaucoup enflé. Mais quand il se présenta chez lui pour l'interviewer, son épouse l'accueillit en disant : « Je suis désolée. Tino ne peut pas vous recevoir, il est aphone. Mais j'ai vu votre interview de Maurice Druon dimanche dernier. C'était très drôle ! » Elle avait deviné, bien sûr, que *Le Petit Rapporteur* voulait accrocher Tino à son tableau de chasse. D'autant que Jacques avait annoncé, imprudemment : « Chaque semaine, nous mettrons à l'épreuve une personnalité et nous attribuerons la brosse à reluire d'argent à celle qui aura recueilli le plus d'applaudissements. »

Le microcosme parisien étant ainsi prévenu, toutes les embuscades que Robert a voulu tendre, par la suite, ont tourné court. Francis Lopez, le compositeur de *Violettes impériales*, *La Belle de Cadix* et de beaucoup d'autres opérettes très populaires, qui était connu pour son ostentation, l'a reçu dans son salon rococo, devant un immense piano blanc, mais n'est pas entré dans son jeu. Quand il a appris cet échec, Jacques est parti dans une colère noire, persuadé qu'il y avait dans l'équipe un traître qui avait alerté Lopez. Pendant quinze jours a régné un climat de suspicion très désagréable. Il est probable, en fait, que, comme Tino et comme un nombre de plus en plus grand de téléspectateurs, le compositeur avait vu l'interview de Druon ou en avait entendu parler. Mais on était dans les premières semaines de l'émission, et Jacques n'avait pas encore pris conscience de son audience.

L'appétit d'honneurs de Paul Guth, l'auteur des *Mémoires d'un naïf*, éveilla également l'intérêt de Robert Lassus... qui s'est vite aperçu que le naïf ne l'était pas tant que ça. Paul Guth a retourné le procédé contre son auteur en l'accablant à son tour de compliments. Jacques a préféré ne pas diffuser le reportage. Et c'est ainsi que « La Brosse à reluire », qui devait devenir une rubrique régulière, n'eut en définitive qu'un seul numéro.

Self-service-made-man

Plus tard, vers la fin de l'année, alors que le souvenir de l'interview de Maurice Druon s'était estompé, Stéphane Collaro a repris la brosse en main pour piéger Jacques Borel, « l'empereur du Wimpy » et le créateur des restaurants d'autoroute, qui, dans sa course conquérante, venait de prendre le contrôle de la chaîne d'hôtels Sofitel :

« Votre aventure se lit comme une épopée moderne, lui dit-il. Juin 1957, première bataille, première victoire avec l'ouverture de l'auberge-express. 1961, bataille des Wimpy. 1966, campagne des restoroutes... 1970, invasion des marchés européens... Vous êtes le Napoléon de la restauration. »

Comme il ne résiste pas à un jeu de mots, il ajoute un peu plus loin : « Peut-on dire que vous êtes le self-service-made-man français ? »

Puis il le félicite abondamment pour les résultats de son groupe dans un concours de cuisine réservé à la restauration collective : 2e prix dans la catégorie « poisson froid », 3e prix dans la catégorie « viande froide » ! « Et pourtant, s'indigne-t-il, en dépit de vos succès, il y a des gens qui osent vous critiquer... »

« C'était le bon temps ! »

Cette fois, ça marche. Jacques Borel plonge. Et comme Jacques Martin s'inquiète de ses réactions, après la diffusion du reportage : « L'avantage, c'est que je ne serai jamais invité à manger chez lui », répond Stéphane.

Outre son épatante « Brosse à reluire », Robert Lassus a réalisé quelques tournages remarquables, pour *Le Petit Rapporteur*, comme cette enquête menée en parallèle à Domrémy, village natal de Jeanne d'Arc, et à Colombey-les-Deux-Églises, où venait d'être érigée une immense croix de Lorraine en granit rose, haute de quarante-quatre mètres. Le Général n'était-il pas en train de supplanter la Pucelle dans le panthéon des gloires nationales ? Colombey n'allait-il pas devenir un lieu de pèlerinage plus important que Domrémy ? Lassus tente de créer une rivalité entre les marchands de souvenirs des deux localités. Il fait dire à une restauratrice de Domrémy – qui cuisine au feu de bois ! – que Jeanne d'Arc est une valeur plus sûre que de Gaulle. Il ose une comparaison entre l'appel du 18 juin et les voix entendues par Jeanne. Mais le curé de Domrémy se refuse à opposer les deux cultes patriotiques, en faisant remarquer que la croix de Lorraine était déjà présente sur les murs de la basilique, qui est elle-même en forme de croix de Lorraine...

Il faut citer aussi sa séquence sur la rentrée parlementaire, qu'il avait choisi de traiter comme une rentrée scolaire, sur l'air de la chanson *Au lycée Papa, au lycée Papillon*. Edgar Faure, le président de l'Assemblée, était

présenté comme le proviseur et les députés étaient inter-
rogés comme des lycéens…

« Est-ce que le proviseur du lycée Bourbon a ses
chouchous ? » demandait Robert à Edgar Faure. Au
passage, celui-ci rappelait que le président de la République avait été le directeur adjoint de son cabinet, au
tout début de sa carrière. « Au cours d'une tournée élec-
torale, j'avais oublié mon chapeau dans une mairie et
c'est Valéry qui est allé me le rechercher », racontait-il
malicieusement.

La revue de presse

Mais la fonction principale de Robert Lassus, dans
l'émission, était de présenter une revue de presse humoristique, avec des informations, qu'il inventait de toutes
pièces généralement, mais qui lui permettaient de sortir
quelques-uns de ces calembours dont il avait le secret.
J'en ai rassemblé certaines :

« La course cycliste Paris-Camembert s'est déroulée
cette semaine. Il y a eu des irrégularités mais les com-
missaires se sont montrés coulants… L'un d'eux s'est
expliqué en disant : à Camembert, un bienfait n'est
jamais perdu. »

« Le malaise qui règne dans notre équipe de rugby, a
déclaré l'entraîneur, est dû au fait qu'un de nos joueurs
a été plaqué par son épouse. »

« Opération réussie pour les bébés siamois de Philadelphie. Malheureusement les parents se séparent à leur tour. »

« Lu dans les petites annonces du *Pays d'Auge* : à vendre à crédit, vache laitière payable par traites. »

Il y avait pire, hélas :

« M. Mitterrand est allé au théâtre avec Gaston Defferre. Comme l'entracte se prolongeait, il a dit : "Demandez-leur de lever le rideau, Defferre !" »

« Après un hold-up dans un salon de coiffure, tous les clients ont été bouclés. »

Dans un premier temps, Jacques Martin s'était contenté d'écouter, l'air résigné. Puis il a pris le parti de faire rire le public aux dépens de Robert, en se gaussant de lui ou en troublant sa lecture. On le voit alors applaudir avant la fin de la nouvelle, pour lui couper son effet, ou demander au public de rire à l'avance, par précaution.

« Ne vous moquez pas ! dit-il le 13 avril. Lassus fait ce qu'il peut. Il y en a de plus mauvais que lui. » Puis se tournant vers Lassus : « Vous tenez absolument à la faire, votre chronique ? » Le 4 mai, il provoque une fausse coupure de courant, au beau milieu de la rubrique, pour l'empêcher de continuer sa lecture. Le dimanche suivant, il prétend qu'il veut se faire pardonner. Il demande au public d'écouter Lassus debout, dans un silence religieux. Et le public, obéissant, accueille sans un seul rire chacune des petites nouvelles.

« La Brosse à reluire »

Le 18 mai, à son insu, Jacques a demandé aux spectateurs de se lever et de quitter la salle à l'annonce de la revue de presse. C'est ce qu'ils font. « Non, restez, les implore-t-il hypocritement. Soyez chouettes ! Riez ! »

Le 25 mai, pour lancer la rubrique, il la fait précéder du générique triomphant de la 20th Century Fox. « Rien n'est trop beau, ironise-t-il, pour les délicates plaisanteries que vous allez nous distiller. »

Lassus est devenu la tête de Turc de Jacques.

Le martyre de Lassus

Je crois qu'au début, il a accepté ce rôle de clown blanc, qui lui assurait un certain succès comique et lui conférait une place originale dans notre petite troupe. Mais d'une émission à l'autre, la charge n'a cessé de s'alourdir. J'avais l'impression que Jacques, avec un certain sadisme, voulait voir jusqu'où il pouvait le malmener, où étaient les limites de sa soumission :

« Chers amis du *Petit Rapporteur*, il faut que vous la subissiez. Voici la revue de presse de Robert Lassus », soupire-t-il le 1ᵉʳ juin. Et il donne aux spectateurs des pancartes pour noter, de 1 à 5, chacune de ses prétendues informations.

« J'en ai ras-le-bol de vos blagues de carabin débiles », proteste Lassus, qui commence néanmoins sa lecture :

« La Société des Autoroutes annonce la construction d'une nouvelle bretelle pour la ceinture de Paris. »

« Les prostituées en colère ont déclaré : "Nous tenons le bon bout." »

« Et voici le plus mauvais jeu de mots de la semaine : un passant demande à une contractuelle :
"Où est la rue Rossini ?
– Vous lui tournez le dos !", répond-elle. »

Fait-il exprès de sortir les pires calembours pour provoquer Martin ou les trouve-t-il vraiment drôles ? Il y a des moments, tout de même, où je me pose la question.

Le 15 juin, toute l'équipe fait semblant de le soutenir. Après chaque petite nouvelle, nous hurlons des encouragements : « Encore ! Une autre ! Vas-y Robert ! »

« Dans la boulangerie, les problèmes vont croissant », annonce-t-il, imperturbable.

« Violences conjugales : un nain est tombé sur sa femme à bras raccourcis. »

« Et pour terminer… »

Il ne peut pas poursuivre. À l'annonce de la fin de sa rubrique, à l'exemple de Jacques, tout le monde applaudit à tout rompre, en poussant des cris de soulagement.

Le dimanche suivant, un échelon supplémentaire est franchi, dans cette escalade. Lassus vient à peine d'entamer sa revue de presse qu'une maquilleuse arrive sur le plateau et, assistée de Jacques, lui barbouille le visage de fards de toutes les couleurs. Lassus fait bonne figure, si je puis dire, il sourit mais, sincèrement, je souffre pour lui. Comment peut-il supporter un tel acharnement ? Après chaque information, la régie envoie une bande-son avec des rires enregistrés, ponctués de « Formidable ! Extraordinaire ! » Puis on lui apporte un rouleau de papier hygiénique pour se démaquiller.

Le 29 juin, lors de la dernière émission de la saison, il commence sa revue de presse en tenant symboliquement un revolver à la main, comme s'il était prêt à répondre à toute interruption intempestive :

« À Lyon, par suite des inondations, lit-il, le centre de la ville a été privé d'eau. »

« Le prix des eaux minérales augmentera à partir du 1er juillet, apprend-on de bonne source. »

C'est alors que des bruits d'orage et de tempête retentissent soudain sur le plateau tandis que, dissimulé derrière le décor, un assistant lui renverse un grand seau d'eau sur la tête, sous les rires du public et d'un Martin ravi de son nouveau gag.

Ce fut le seau d'eau qui fit déborder le vase… Lassé de jouer les clowns, houspillé par ses confrères de RTL qui considéraient que les agissements de Martin nuisaient à son image et à celle de la station, Robert Lassus décida de donner sa démission.

À la rentrée de septembre, Jacques expliqua son absence à sa façon, sous forme de faire-part, sur des images tournées dans un monastère : « Vous ne verrez plus Robert Lassus sur votre petit écran. Celui que nous avions surnommé entre nous le meilleur humoriste du Pas-de-

Calais est entré dans les ordres au cours d'une émouvante cérémonie qui s'est déroulée à Cambrai, le pays des bêtises. Adieu ! Il n'y a plus de Robert Lassus. Il n'y a plus qu'un petit frère Robert de la Franconnerie, qui vieillit sous un orme en relisant ses œuvres… ses œuvres de Pâques, comme il aimait à plaisanter. »

Robert, en vérité, a poursuivi sa carrière à la rédaction de RTL et a produit pendant quelque temps, sur France 3 Nord-Pas-de-Calais (sa région d'origine), une émission intitulée *Tout le Nord Lassus*. Son goût du calembour n'avait pas faibli…

Les débuts de Jean-Pierre Coffe

Un autre siège était vacant, lors de l'émission de rentrée, le 21 septembre, celui de Philippe Couderc. Sa présence avait été relativement discrète, au cours des six premiers mois, car, il le reconnaît volontiers, il n'avait pas l'esprit de bande. À un journaliste de *France-Soir* qui lui demandait de faire le portrait de ses « mousquetaires », Jacques Martin l'avait très bien dessiné : « Philippe Couderc, avec son air distingué et de ne pas y toucher, c'est Aramis. Un abbé de cour du XVIIIᵉ siècle. Il est le plus individualiste et le plus susceptible. Son œil critique est redoutable. »

Dans le même article, Philippe confessait, de son côté, qu'il n'avait pas une vocation de comique. « J'ai

horreur des plaisanteries faciles et des grosses blagues »,
ajoutait-il. On comprendra qu'il ne se soit pas toujours
senti très à l'aise dans l'équipe. Très indépendant, il
supportait mal, en outre, les conférences de rédaction
du lundi, où, selon lui, ne régnait pas forcément la plus
grande confraternité. Autour de la table basse abondamment garnie de viennoiseries et de pots de confi-
ture, il n'y a jamais eu d'affrontements directs, certes,
mais on ne peut pas nier qu'il existait une certaine com-
pétition, plus ou moins apparente – et somme toute
assez légitime – entre journalistes soucieux de décrocher
le meilleur sujet de reportage et de s'attirer la faveur du
« patron ».

Chargé, au départ, de la rubrique gastronomique,
Philippe Couderc a pourfendu avec talent les faussaires
en tous genres : fabricants de faux vins de Bordeaux,
faux cuisiniers « de terroir », fabricants de faux meubles
anciens... À son actif, il faut également inscrire les
débuts de Jean-Pierre Coffe à la télévision ! Coffe tenait
à l'époque un restaurant dans le quartier des Halles à
Paris, La Ciboulette. Interviewé par Philippe Couderc,
qui avait remarqué sa personnalité hors du commun, il
s'est livré, devant la caméra du *Petit Rapporteur*, à un
numéro étourdissant (déjà !), dénonçant avec fureur les
« clients emmerdeurs ».

« La cliente du Tout-Paris se croit tout permis,
s'emporta-t-il. Tout-Paris, tout permis ! Je me méfie
surtout de celles qui ont des petits chiens. Il y en a une,

185

un jour, qui m'a demandé une pâtée pour son pékinois. Je lui ai amené de la bavette d'aloyau hachée menu, vous m'entendez bien, pas de la rognure, de la bavette d'aloyau hachée menue ! Elle m'a dit : "Et les légumes ?" Je suis retourné en cuisine, je lui ai rapporté la viande avec des légumes. "Vous n'auriez pas un peu d'eau, de l'Évian ?" J'ai débouché une bouteille d'Évian pour un chien, monsieur ! »

« Moi, ce qui m'intéresse, poursuivit-il, c'est pas la clientèle du Tout-Paris, c'est le client qui vient bouffer dans la joie, qui se marre et qui a envie de baiser en sortant. Je voudrais que ce soit toujours la fête chez moi. La seule chose qui m'ennuie dans mon métier, c'est de faire l'addition. »

À la fin du reportage, époustouflé par sa prestation, Jacques a eu des phrases prémonitoires : « Je souhaite qu'un jour ce monsieur ferme son restaurant, parce que je crois que son véritable métier, c'est la comédie. C'est un comédien de la dimension d'un Brasseur mitigé de Michel Simon. J'ai rarement vu quelqu'un avoir une telle présence à l'écran. »

Jean-Pierre Coffe fera effectivement une brève carrière au cinéma, de 1978 à 1986, mais il trouvera réellement sa voie à partir de 1984 en participant à l'émission de Michel Denisot sur Canal+. Il ne quittera plus le petit écran, où il utilise habilement ses talents de comédien et son expérience de la restauration pour défendre et promouvoir les bons produits.

Philippe Couderc, pour sa part, a quitté l'émission

sans heurt et sans la moindre rancœur. Avec le recul, il déclare aujourd'hui n'avoir gardé que de bons souvenirs de cette époque et que de la reconnaissance pour Jacques, qui lui a appris à manier l'instrument télévisuel. Il est d'ailleurs resté en contact amical avec lui jusqu'à la fin.

Entre-temps, il est passé de *Minute* au *Nouvel Observateur*, où l'on peut lire chaque semaine ses brillantes chroniques consacrées à la gastronomie et à l'art de vivre. Il collabore également au magazine économique *Challenges*. Et il demeure un excellent ami.

Michel Drucker aussi…

Le Petit Rapporteur a eu un collaborateur très occasionnel mais remarquable en la personne de Michel Drucker. C'est lui qui prenait le relais de l'émission, le dimanche, en direct, avec *Les Rendez-vous du dimanche*, mais il officiait aussi à la radio, pendant la semaine. Il animait tous les après-midi à 15 h 30, *RTL… c'est vous*, une émission qui l'amenait à se rendre fréquemment en province, à la rencontre des auditeurs. Parmi eux, il découvrait parfois des personnages étonnants, et par deux fois, spontanément, il a proposé à Jacques de tourner avec eux une petite séquence pour *Le Petit Rapporteur*.

C'est ainsi qu'il nous a présenté un retraité de l'EDF qui s'entraînait tous les jours, dans sa salle à manger, en courant à petites foulées autour de deux chaises placées au milieu de la pièce. Son record était de mille deux cents tours en 57'47" ! Mais il rêvait de le mettre en jeu avec d'autres compétiteurs. Il se faisait chronométrer par son épouse, Mathilde, qui lui préparait ensuite un bain de pieds dans une bassine. Pour corser la difficulté, il enroulait autour de sa poitrine, à la façon des anciens coureurs cyclistes, une chambre à air de vélo remplie de gravier, d'un poids de quatre kilos. Il nous livrait aussi les secrets de son régime : pas de soupe ni de ragoût, qui alourdissent l'estomac, et une infusion de fleur d'oranger le soir.

Deux semaines plus tard, Michel nous a emmenés dans une église des Flandres où le curé, l'abbé Mollet, pour discipliner les fidèles, avait jalonné l'accès à l'autel de signalisations routières : sens interdit, lignes jaunes, lignes discontinues, stop, stationnement interdit... Les voies du Seigneur sont impénétrables.

Sa participation s'arrêta là. Je n'ai donc pas eu le temps de me sentir menacé dans ma spécialité...

12

L'apôtre des vicinales

Et moi, dans tout ça ?

J'ai toujours été la dernière page du *Petit Rapporteur*, sans avoir le sentiment, pour autant, d'être la dernière roue du carrosse. J'ai retrouvé une interview où Jacques Martin disait : « Je suis vieux jeu. Je tiens beaucoup à la tendresse. » J'étais chargé, dans l'émission, de révéler cette part de tendresse qui était en lui mais qu'il avait quelque pudeur à exprimer. Après les impertinences, les grosses rigolades ou les coups de griffes distribués par mes petits camarades, j'arrivais pour apporter ce qu'il appelait « un sourire tendre ».

C'est peut-être pour ça que Jacques m'a toujours traité différemment des autres. Tous ceux qui ont travaillé avec lui parlent de ses coups de gueule intempestifs, de sa mauvaise foi, de ses jugements outranciers, de ses paroles blessantes, parfois. Cameramen, preneurs de son, assistantes, secrétaires, ils sont unanimes sur ce point mais, personnellement, je n'ai jamais souffert de ses sautes d'humeur. Danièle Évenou m'a fourni

189

une autre explication : « De toute l'équipe, tu étais celui qui lui donnait le moins de soucis parce que tes sujets étaient hors du temps. Le lundi, tu lui proposais deux ou trois personnages. Il choisissait celui qui lui plaisait le plus, et pour le reste il te faisait confiance. C'était ton truc... Alors qu'il était sans arrêt sur le dos des autres équipiers, qui travaillaient sur l'actualité. »

J'ai eu de la chance, en effet. Non seulement il m'épargnait ses angoisses mais, en plateau, quand il présentait mes reportages, il s'efforçait toujours de les valoriser, même si je n'avais pas rapporté un chef-d'œuvre. Et Dieu sait s'il le faisait bien, car c'était un « vendeur » extraordinaire, un bateleur hors pair. « Martin te mettait sur un piédestal, et ça m'énervait un peu, parce que moi je te trouvais extrêmement ringard », m'a récemment avoué Daniel Prévost, qui a le mérite de ne pas manier la langue de bois...

En tête à tête, pourtant, Jacques était avare de compliments. J'ai été d'autant plus ému quand j'ai lu ce qu'il avait dit à *France-Soir*, en avril 1975 : « Pierre Bonte, c'est le bien-nommé, car il est la bonté même. Il ne manque à son nom que l'accent aigu. C'est le moins bavard mais le plus observateur. Il est tendre et timide. » Et dans une autre interview, à *Ciné Revue* : « C'est un tendre que n'aurait pas renié Jules Renard. C'est très prétentieux ce que je dis pour lui mais je le pense. Il nous a toujours ramené de merveilleux sujets. Et puis on sent qu'il aime les gens quand il les interviewe. Il le fait avec beaucoup de cœur. »

L'apôtre des vicinales

Connaissant l'admiration qu'il vouait à Jules Renard, j'aurais eu de quoi me hausser du col...

Cela ne l'empêchait pas, à l'antenne, de me bousculer ou de me charrier joyeusement, comme les autres. Il m'appelait « l'abbé Bonte », quand j'avais tendance à moraliser. Il plaisantait sur mes prétendus talents de séducteur (!). Comparé à ce que subissaient certains de mes complices, cela restait quand même assez gentil.

Il était un peu jaloux – lui qui devait lutter en permanence contre une tendance à l'embonpoint – de mon inaltérable minceur. Quand il avait pris quelques kilos et qu'il me voyait arriver sur le plateau, il me disait parfois, comme si c'était moi qui avais changé : « Tu as maigri... Tu n'es pas malade ? » Je le rassurais mais je voyais bien qu'il vivait mal cette injustice de la nature.

Le reporter des champs

Tout au long de ces dix-huit mois, j'ai eu droit à une grande variété de surnoms : l'apôtre ou le pèlerin des vicinales, le Livingstone du Doubs (ou d'un autre département), le scaphandrier de la France profonde, le Moïse des cantons, notre saint François d'Assise... La formule changeait tous les dimanches, selon l'inspiration du moment, celui où, l'émission touchant à sa fin, il se tournait vers moi pour lancer mon reportage.

Bien souvent, je n'avais pas pris la parole depuis le début. On m'avait vu rire, parce que, bon public, je m'amusais vraiment. On m'avait vu chanter, en bon camarade. Mais je n'avais pas l'esprit de repartie qui m'aurait permis de donner correctement la réplique à Jacques dans ses grands numéros d'improvisation. Je préférais donc rester en retrait. Et puis la caméra m'impressionnait. Formé à la radio, je me méfiais encore de l'objectif.

Au total, j'ai réalisé et présenté une cinquantaine de reportages dans *Le Petit Rapporteur* : des croquis de personnages savoureux ou émouvants que j'avais dénichés dans la campagne et que j'allais filmer chez eux, dans leur environnement familier.

Le tournage se déroulait sur la journée. Il fallait faire vite parce que je devais aussi assurer chaque matin mon émission sur Europe 1, à sept heures moins dix. Je ne la présentais pas en direct, certes. Elle était enregistrée. Mais sa préparation me prenait beaucoup de temps.

Comme mes compères, je partais de Paris avec une équipe dite « légère », composée d'un cameraman, un preneur de son et un éclairagiste, en compagnie d'un réalisateur qui palliait mon inexpérience sur le plan technique. Les conditions de travail étaient moins confortables qu'aujourd'hui. Nous n'avions pas les commodités de la vidéo. Tous les reportages du *Petit Rapporteur* ont été effectués avec des caméras 16 mm, moins sensibles, dont les « magasins », autrement dit les chargeurs de pellicule, devaient être renouvelés toutes les dix minutes. Et comme par hasard, ils arrivaient toujours à épuisement au meilleur moment de l'interview, quand mon « patient », ayant oublié la caméra et les projecteurs, se livrait enfin avec naturel.

De retour à Paris, j'avais encore une journée de montage, dans les locaux de la SFP aux Buttes-Chaumont, où je revenais le vendredi après-midi pour faire visionner mon reportage par Jacques. Épreuve redoutée de tous, nous y passions tous. Si on le voyait rire ou sourire, en regardant le film, tout allait bien. On avait réussi l'examen. S'il affichait une mine renfrognée, les ennuis risquaient de commencer. Il allait falloir reprendre le montage pour couper ou déplacer certaines séquences. Au pire, le reportage ne serait pas programmé le lendemain. La honte ! On se sentait alors coupable, vis-à-vis de toute l'équipe, d'avoir failli. Comme nous n'avions aucun sujet d'avance, c'étaient les autres qui allaient porter tout le poids de l'émission... Ça m'est rarement arrivé, heureusement.

Mes « petites vieilles »

« Mais comment faites-vous pour dénicher vos personnages ? » me demandait-on souvent. Il n'y avait pas de secret. Je sillonnais la France rurale depuis plus de quinze ans, de village en village, pour les besoins de *Bonjour, Monsieur le Maire*. J'avais donc rencontré, au fin fond des campagnes, bon nombre d'hommes et de femmes étonnants, qui m'avaient séduit par leur personnalité ou leur originalité et que j'ai eu plaisir à aller retrouver. Les téléspectateurs, d'autre part, m'écrivaient pour me signaler tel ou tel personnage de leur famille ou de leur entourage qui leur semblait mériter de « passer à la télé ». Je chargeais alors l'un des reporters de mon émission de radio, Laurent Cabrol ou Alexandre Lichan, d'aller les tester.

Le plus difficile, c'était d'obtenir qu'ils gardent leur spontanéité devant la caméra. Je faisais le maximum pour les mettre à l'aise mais certains, brusquement, perdaient tous leurs moyens dès que je commençais à tourner. Et cela, je ne pouvais pas le prévoir. C'était mon angoisse. Je me souviens de cette guérisseuse de la Sarthe qui jetait continuellement des regards apeurés vers la caméra, comme si elle craignait le mauvais sort, ou de ce berger des Pyrénées que j'avais croisé, un jour, sur la route du Tour de France et qui m'avait merveilleusement parlé du bonheur. Quand je suis revenu le surprendre au milieu de ses moutons, il a obstinément refusé de s'exprimer devant la caméra parce que, prétendait-il, ce genre de secret n'est pas fait pour être divulgué à tout le monde...

Mes chers camarades se moquaient souvent de moi parce que mes personnages étaient presque toujours des « petits vieux » ou des « petites vieilles » : « Elle a soixante-quinze ans, cette semaine ? Ah, c'est une gamine ! » Il est vrai que je suis allé jusqu'à interviewer une centenaire, une demoiselle nommée Honorine Giraud, qui habitait à Saillans (Drôme). Sa jeunesse d'esprit, néanmoins, était admirable. Elle avait tellement charmé les téléspectateurs qu'après l'émission, *France-Soir*, à son tour, était allé la voir dans son village et avait publié sa photo en première page. Il faut dire que les centenaires étaient beaucoup plus rares à l'époque. Leur nombre était de 1 647 (dont 1 317 femmes !) alors qu'il s'élève aujourd'hui à plus de six mille.

Si mes préférences allaient vers les personnes d'un certain âge, c'est qu'elles avaient généralement une simplicité, une liberté de parole supérieures. Je l'ai constaté maintes fois. Passé soixante ans, les gens se soucient moins du qu'en dira-t-on. Leur vie active touche à sa fin ou est achevée, les enfants sont partis, ils n'ont plus de comptes à rendre à la société, plus besoin de jouer un rôle. C'est l'âge où ils s'acceptent enfin tels qu'ils sont, où leurs éventuels complexes se dissipent.

J'ai fait une autre constatation : lorsque leur mari était décédé, les femmes éprouvaient souvent un sentiment d'affranchissement qui libérait leur parole. Je parle des femmes de cette génération, qui avaient vécu dans la soumission à l'homme de la maison. « Je n'ai jamais été aussi heureuse que depuis que je suis veuve », s'exclamait en riant Eudoxie Blanc, qui tenait un café dans le petit village de Mieussy, en Haute-Savoie. Peu l'avouaient mais elles étaient nombreuses à penser comme elle. Voilà pourquoi les meilleurs personnages que j'ai « croqués » appartenaient au troisième âge, plus spécialement au sexe féminin, et, mieux encore, au clan des veuves...

Le petit monde de la Louise

Trois femmes m'ont laissé un souvenir très fort. Et d'abord la Louise, Mme veuve Louise Pons. À quatre-vingt-trois ans, elle continuait d'exploiter, toute seule, une petite ferme de cinq hectares à la sortie du village de Villey-le-Sec, en Lorraine. On m'avait dit que les animaux, chez elle, étaient « comme chez eux ». J'étais donc prévenu. J'ai quand même été surpris, quand elle m'a ouvert la porte, de la voir chasser d'un coup de torchon la poule qui occupait une chaise pour que je puisse m'asseoir. Puis elle a rudement repoussé le chien couché sur la table avant de me proposer aimablement un café... Tout cela en houspillant les animaux peu pressés de s'écarter et en m'expliquant de sa voix bourrue :

« Les animaux ne sont pas chez moi, monsieur, c'est moi qui suis chez eux. C'est moi qui les soigne, qui les nettoie, c'est moi leur domestique. Regardez, la cuisine donne sur ma chambre à coucher, qui donne sur l'écurie où il y a les vaches, tout est attenant, comme ça les bêtes n'ont pas froid, vous comprenez...

— Et tout ce petit monde s'entend bien ?

— Très bien. Y a des fois, les pigeons vont se coucher sur le dos des vaches, pour avoir chaud. Les vaches ne disent rien. Les chiens, c'est pareil, avec mon chat ils ne se disputent jamais.

— Mais l'odeur de la maison est assez particulière...

— Ah oui, c'est pas l'odeur de chez le coiffeur ! (*Rires.*) Mais ça ne me dérange pas. Je suis habituée. Une fois, j'ai perdu quelques sous dans une enveloppe, dans un magasin de Liverdun. Quelqu'un a dit : "Ça sent la vache, c'est à la Louise !", et il me les a rapportés. » (*Rires.*)

À la différence d'autres amis des animaux, elle aimait aussi les gens :

« Quand je ne me sens pas bien, vous savez ce que je fais ? Je prends ma voiture, je vais à Liverdun prendre un Dubonnet chez la Cathy ou ailleurs, on rigole, et ça y est, le moral est revenu. Ah oui ! je ne me laisse jamais aller au cafard. Et puis, ce que j'ai de bon, c'est que je sens bien l'amitié du monde. Je vois des jeunes qui ralentissent et qui me disent bonjour. J'ai des bonjours de tous les côtés. Ça me fait un grand plaisir, plus que si on me donnait de l'argent. »

Mais elle tenait avant tout à son indépendance : « Je vis seule mais je suis ma maîtresse. J'ai une fille, qui est institutrice retraitée, mais elle est un petit peu fière. Les institutrices et les cultivatrices, ça fait une drôle de différence, vous comprenez. Ça descend de l'échelle de beaucoup. Alors ça la fout mal. Elle voudrait pas que je parle, il faudrait que je sois la pimbêche avec des robes courtes et une indéfrisable, il faudrait que je me soulève la poitrine, que je perde des demi-journées pour aller chez le pédicure me faire couper les ongles, il faudrait que je sois une vieille du jour, quoi, pour lui faire plaisir. Mais moi, c'est pas mon genre. Je me plais comme ça et je partirai comme ça. Parce que, à mon âge, hein, je suis plus près du grand trou que du petit d'où je suis sortie ! Alors, pourquoi je vais m'en faire ? »

Après la diffusion du reportage, la Louise est devenue une vraie vedette dans la région. On l'invitait pour remettre la gerbe au vainqueur de la course cycliste, pour présider les banquets de pompiers ou du troisième âge. Mais elle n'a rien changé à sa façon de vivre et de s'habiller. Sur la fin, malheureusement, le progrès l'a rattrapée. Ses dernières terres ont été expropriées pour permettre la construction d'une autoroute. Elle a eu beau écrire au président de la République – qui lui a fait répondre, d'ailleurs, par son chef de cabinet – les bulldozers ont eu le dernier mot.

Elles s'appellent toutes Biquette

Marcelle Pitaval était taillée dans le même bois que la Louise. Elle vivait dans une maison isolée, sans eau courante ni électricité, sur la commune de Bouze-lès-Beaune, en Bourgogne, mais elle passait la plus grande partie de ses journées dehors, en compagnie de ses chèvres. Alors je l'ai suivie dans les friches environnantes. Ah ! elle les aimait, ses chèvres !

« Vous savez, monsieur, m'expliqua-t-elle de sa voix haut perchée, garder mes chèvres, pour moi, ce n'est pas un travail, c'est une satisfaction. Il s'agit simplement de les surveiller, c'est-à-dire qu'il faut faire attention qu'il n'y en ait pas une qui se débine. Parce que s'il y en a une qui se sauve, je ne peux plus courir assez pour passer devant.

Quand j'étais plus jeune, elles avaient des noms. Mais maintenant je m'embrouille, alors je les appelle toutes Biquette. Il n'y a que le bouc qui a un nom, Boulouc.

– Et le bouc, il les aime aussi ?

– Il les aime au point qu'il n'en veut pas d'autres, monsieur. Faut croire qu'il les aime mieux que les hommes aiment leur femme ! » conclut-elle dans un grand rire.

Elle respirait la joie de vivre, alors que ses quelques rangées de framboisiers et le lait de ses quinze chèvres, qu'elle transformait en fromages, ne devaient pas lui assurer un bien gros revenu. À soixante-dix ans, elle s'émerveillait encore devant toutes les beautés de sa campagne bourguignonne :

« Vous croyez que je ne suis pas heureuse de voir des choses pareilles ? Quand je pense, me disait-elle, qu'il y en a qui vont se fourrer sur les routes avec leurs voitures, le nez dans le derrière de l'autre, pour aller s'entasser les uns contre les autres sur les plages, alors qu'on est si bien ici… Ils sont dans des cages à lapins en ville, et en vacances ils s'empilent tout pareil. Ils vont faire du nudisme, là-bas, mais vous croyez que sur le Chaume, là-haut, on peut pas le faire, le nudisme ? Quand il fait trop chaud, je mets un sou-tien-gorge et une petite culotte sous ma blouse, et je me sens à l'aise… Si j'entends que ça bouge, je remets ma blouse et je suis convenable.

Vous allez peut-être vous moquer de moi, monsieur, mais dans ma vie, je suis allée trois fois à Dijon, une fois à Chalon et c'est tout. Je ne crois pas qu'on puisse trou-ver plus beau que mon pays et je suis malade dans les cars, alors ça me coupe tout ! »

Un bonheur insolent

Ces propos tout simples, si peu dans l'air du temps, avaient quelque chose de provocant. C'est ce qui justifiait leur place dans une émission comme *Le Petit Rapporteur*. Souvent, de bons amis journalistes, choqués de me voir faire le pitre avec les autres en chantant *La Pêche aux moules*, m'ont dit : « Mais qu'est-ce que tu fais dans une émission pareille ? » Eh bien, j'apportais moi aussi, innocemment, mon petit ferment contestataire dans une société de consommation qui, en cette fin des « Trente Glorieuses », prônait les valeurs de la réussite et de l'argent. Ces femmes proclamaient à leur manière que le bonheur pouvait prendre d'autres chemins.

Pour Mme veuve Ponton, c'était la poésie. Tablier à fleurs autour de la taille, toque ou chapeau tombant sur le coin de l'œil, elle vendait des fruits et légumes sur les marchés des environs de Valence et s'accordait une courte pause, entre deux clients, pour déclamer ses poèmes. Des poèmes très naïfs, qui faisaient fi de la rime, et dans lesquels elle mettait tout son cœur. « Je les fais avec mon cœur mais attention, pour faire une poésie, pour la composer, j'en fais quatre et puis je trie le meilleur, parce que ça ne se fait pas quand même comme une poule fait des œufs, hein ! »

Elle avait commencé à « prendre le crayon », comme elle disait, à la mort de son mari, qu'elle avait épousé à l'âge de quinze ans...

Crayon et papier,
Je ne sais comment vous remercier.
À tous les solitaires,

« C'était le bon temps ! »

Si je pouvais, je vous ferais passer.
Après une vie de combats,
D'émotions, d'amour et de joie,
Cher crayon, il ne me reste plus que toi.

« Et voilà un kilo, madame, enchaînait-elle en pesant des pommes. Vous voulez que je vous dise une autre poésie ? »

Tant que Dieu me permet d'être là présente,
Qu'il fasse chaud, qu'il fasse froid,
Je suis heureuse d'être avec toi,
Marché. Tu es toute ma vie.

« Je n'ai plus besoin de paraître »

Gilbert Daumas, le boulanger de La Bollinette, écrivait des poèmes, lui aussi, et son histoire avait également quelque chose de provocant. Après avoir tenté de faire une carrière artistique à Paris, dans la chanson, il était venu reprendre une petite boulangerie abandonnée dans un minuscule hameau de deux maisons, à quatre cents mètres d'altitude, sur la route qui va de Nice à Saint-Sauveur-sur-Tinée. Son pain était si bon que les gens qui montaient aux sports d'hiver en voiture, le week-end, étaient nombreux à s'arrêter chez lui. Heureusement qu'il pouvait compter sur eux, d'ailleurs, car

202

L'apôtre des vicinales

la seule personne du hameau qui aurait pu se servir chez lui allait acheter son pain dans le village voisin !

Il m'a lu un poème qu'il avait intitulé *Poète et Boulanger* :

Oui, je sais, toi qui n'es pas poète,
Tu me regardes de travers,
Tu te demandes à quoi riment ces vers,
Oui, je sais, toi qui n'es pas poète,
Tu te demandes pourquoi je suis fier,
Fier d'être ce que je suis,
Et tu te demandes pourquoi poète je suis.
Mais je suis poète parce que je suis bête !

Mais tu es là à m'écouter
Parce que ma bêtise, c'est de l'amour,
Et de cet amour tu en as besoin.
Oui, chaque jour, chaque matin en te levant,
Sur ton chemin l'amour te suit,
Et toi, grand couillon, tu le poursuis.

Oui, je sais, toi qui n'es pas poète,
Tu me regardes de travers,
Tu te demandes à quoi riment ces vers.
Oui, je sais, toi qui n'es pas poète,
Tu te demandes pourquoi je suis fier,
Fier d'être si bête,
Eh bien, c'est parce que je suis boulanger, voyons !

« C'était le bon temps ! »

Les dernières phrases de son interview ont beaucoup
ému Jacques Martin. Le boulanger me disait :
« Je crois que je mourrai ici. Je n'éprouve pas le
besoin d'aller ailleurs. Je voulais être artiste. Maintenant
je considère que j'en suis devenu un parce que je n'ai
plus besoin de paraître, ni besoin d'argent. Je suis arrivé
à m'épanouir ici, dans ce petit hameau où il n'y a personne, et où je vis malgré tout par mon travail. J'en ai
assez. Je n'ai plus besoin de rien. »

Ce sont ces mots, tout particulièrement, qui ont
touché Jacques, et il les a répétés en plateau : « Maintenant je suis un artiste parce que je n'ai plus besoin
de paraître. Sous une autre forme, a-t-il poursuivi,
André Malraux avait écrit exactement la même chose,
dans *L'Espoir* : "Un individu ne peut aspirer à devenir
un homme s'il n'a au préalable réduit sa part de
comédie." »

La très grande culture de Jacques se révélait ainsi,
bien souvent, dans des citations littéraires qui sem-
blaient lui venir naturellement, au fil de la conversation. Il ne possédait aucun diplôme, il n'avait pas même
passé son Bac, mais il lisait énormément. Il avait une
véritable passion pour les livres, qu'il collectionnait, et
il était servi par une mémoire phénoménale. Le dimanche suivant, il m'a encore épaté en citant une maxime
de La Rochefoucauld : « Tout homme qui à quarante
ans n'est pas un peu misanthrope n'a jamais aimé les
hommes. »

C'était à l'issue de l'interview d'un personnage original, Albert Chasseray. Ancien acteur de tournées théâtrales, il était venu se retirer à Loué, dans la Sarthe, où il vivait en ermite, à l'écart des gens du village qui le prenaient pour un « cinglé ». Il avait le défaut de dire tout haut ce qu'il pensait, et le regard qu'il portait sur ses congénères, il faut en convenir, n'était pas des plus aimables :

« Je suis plus misanthrope qu'Alceste, m'avait-il dit, mais je préfère en rire. J'ai beaucoup travaillé Molière quand je faisais le guignol. Eh bien, Molière n'a rien pris au sérieux. Il s'est moqué de l'humanité, de nos petits défauts. Il en rigolait. Moi je fais pareil. C'est notre prétention qui est dramatique. On se prend tous pour des sommets et nous ne sommes que des trous-du-cul ! Ah ! Ah ! On est comiques. Nous sommes franchement comiques ! »

Cette superbe insolence, c'était aussi l'esprit du *Petit Rapporteur*.

Le Grand Hôtel moderne de Vogüé

Le 2 février 1975, alors que *Le Petit Rapporteur* en était à ses tout débuts, j'ai présenté un reportage qui nous a permis de prendre conscience de l'énorme audience qu'avait déjà acquise l'émission. J'étais allé rendre visite à deux sœurs, deux demoiselles, qui tenaient un vieil hôtel-restaurant, un peu délabré, en face de la gare désaffectée de Vogüé, en Ardèche : le Grand Hôtel moderne, construit par leur père au début du siècle.

Yvonne Testud, soixante-quatorze ans, et sa sœur Madeleine, soixante-huit ans, avaient été élevées dans cette maison, et elles y étaient restées pour respecter la promesse faite au papa, mais l'une et l'autre avaient une vocation artistique rentrée, et elles se défoulaient en se produisant, le soir, devant leurs clients, leurs « petits voyageurs » comme elles les appelaient.

Elles avaient écrit une sorte d'opérette, dédiée à leur beau village de Vogüé, dont Yvonne chantait les grands airs, après le dîner, au salon, accompagnée au piano par Madeleine. Puis elles emmenaient tout le monde à la cuisine pour faire la vaisselle.

J'avais filmé tout cela, bien sûr, et, à la fin du reportage, Jacques Martin, enthousiasmé, avait promis aux deux demoiselles que toute l'équipe viendrait s'attabler chez elles dès que possible. Il n'a jamais fait le déplacement mais les téléspectateurs, eux, se sont rués sur le téléphone pour réserver. Elles ont dû refuser des milliers de demandes et le Grand Hôtel moderne n'a pas désempli pendant des semaines. Des années après, des touristes s'y arrêtaient encore en souvenir de l'émission. Sur la fin, fatiguées, elles acceptaient quand même de les accueillir, pour ne pas les décevoir, mais elles leur demandaient de passer chez le boucher, avant de venir, parce qu'elles n'avaient plus la force de faire elles-mêmes les achats...

Elles sont décédées à quelques mois d'intervalle et l'hôtel a été vendu aux enchères par l'administration fiscale, car, dans leur insouciance, Yvonne et Madeleine omettaient souvent de régler leur dû, demandant des délais à l'inspecteur dans des missives en vers... Le bâtiment a été tristement transformé en maison d'habitation.

Les voyages de Monsieur Liochon

De tous les tournages que j'ai faits, pourtant, celui dont on me parle le plus souvent, parce qu'on en rediffuse fréquemment des extraits, c'est l'interview du père Liochon. Oui, l'épicier sourd qui raconte ses voyages... et qui, à la fin, me fait rire aux larmes...

Le bonhomme m'avait été signalé par un journaliste de Mâcon, où se trouvait son commerce. La boutique, déjà, valait le coup d'œil avec sa vieille façade en bois et sa vitrine discrètement décorée de toiles d'araignée. Passée la porte, on pénétrait dans un vrai capharnaüm où il devait être le seul à pouvoir se retrouver.

Célibataire, M. Liochon s'était découvert sur le tard une passion pour les voyages, qu'il ne se lassait pas de raconter par le menu. Mais en raison de sa surdité profonde, la conversation, avec lui, prenait parfois un tour imprévu. Il avait beau manipuler nerveusement son sonotone quand il voyait qu'on lui adressait la parole, il ne saisissait pas toujours le sens des questions. Ce qui donnait lieu à des quiproquos extravagants et hilarants. Peu lui importait, d'ailleurs. Emporté par son élan, il reprenait son récit avec la même volubilité.

Dès ma première question, les malentendus ont commencé :

« Comment marche l'épicerie, monsieur Liochon ?

– Comment marche... quoi ? Y a un mot que je comprends pas.

– L'épicerie ! criai-je de toutes mes forces.

– Jésus-Christ ?

– Non, l'épicerie !

– Oh ! ça va couci-couça. Mais j'y suis depuis l'âge de seize ans, je ne vais pas la quitter maintenant. »

Cela étant, l'épicerie ne l'intéressait plus tellement. Il en vint donc très vite à me parler de sa passion : les voyages.

« Ah oui ! ça me plaît. Parce que, monsieur, quand on va en voyage, on voit beaucoup de choses. Une personne qui reste dans son pays, elle écoute ce qu'on lui raconte, elle ne se rend pas compte, tandis que moi, j'y vais voir, monsieur. Eh bien je dis que la France est le plus beau pays du monde. Vous entrez, vous sortez en dix minutes, alors qu'en Israël, dernièrement, le car a mis deux heures et demie pour passer la frontière, monsieur ! Y a fallu qu'on sorte tous les vêtements des valises. Ils voulaient même regarder dans mon parapluie, mais ils ont été roulés parce qu'il était cassé à ras les baleines. Y a juste une combine pour l'ouvrir. Ça fait qu'ils n'ont jamais pu l'ouvrir ! »

Il parlait à une vitesse ahurissante, sans reprendre sa respiration. Il enchaîna aussitôt sur son plus beau souvenir : la croisière autour du monde sur le paquebot *France*, qui lui avait mangé une bonne partie de ses économies.

« Un million sept cent mille francs, monsieur ! Vous vous rendez compte ? »

Il m'a montré quelques photos de dîners à bord. Des messieurs en smoking étaient attablés avec leurs compagnes en robe longue. J'imaginais leur réaction, le premier soir, en le voyant apparaître avec son pantalon de velours, ses bottines et son inséparable béret... Mais ça ne le gênait pas.

« Oh ben, j'étais comme je suis avec vous, hein ! C'est des gens comme moi ! Mais la cuisine, regrettait-il, je la trouvais pas bonne. Le caviar, je pouvais pas le voir. Et puis le saumon fumé, j'aime pas... »

L'interview s'est terminée en apothéose :

« Est-ce que vous avez retenu une place sur le Concorde pour son premier voyage ? lui ai-je demandé.

– Sur le Tour de France ?

– Non, le Concorde !

– Le tour du monde ?

– Non, hurlai-je en m'étranglant de rire, le Concorde !

– Attendez... c'est malheureux, ça... mais j'aime mieux vous voir rire que pleurer, me dit-il gaiement. C'est plus agréable, comme on dit. Ah ! vous n'allez pas oublier la maison, vous ! Il y a longtemps que vous voyagez, mais… »

Je n'en pouvais plus. Littéralement plié en deux, j'arrivai quand même à articuler à nouveau :

« Le Concorde !

– Y a un mot que je ne comprends pas. Écrivez-le donc, voulez-vous, vous serez bien gentil. Ah ! c'est terrible, ça. Ça m'enlève de mon cachet, hein ? plaisanta-t-il. Mais ça amuse les gens, c'est le principal. »

« Non », finit-il par me répondre, il n'avait pas retenu de place sur le Concorde. Je poursuivais :

« Et la Lune, ça vous tente ?

– Le Concorde ? Oh non, c'est trop cher.

– Non, la Lune !

– Sur la Lune ? Oh là ! Y a pas encore de voyages organisés, là-bas. Et puis, c'est des machins qui ne serviront à rien, on n'ira jamais travailler sur la Lune, l'atmosphère ne s'y prête pas. Oh non ! j'irai pas. »

Une vedette nationale

Mon fou rire incontrôlable n'avait pas le moins du monde vexé M. Liochon. Il était habitué à ce genre de situation. Le dimanche suivant, il ne se fit pas prier pour venir rejoindre toute l'équipe sur le plateau, où il nous confia qu'avant de partir dans un pays étranger, il apprenait toujours comment on disait trois mots, dans la langue locale : bonjour, merci et toilettes !

Jacques Martin lui avait réservé une belle surprise : un billet pour le premier vol commercial de Concorde, Paris-New York, qu'il lui remit de la part de TF1. Eh oui ! grâce au *Petit Rapporteur*, le petit épicier de Mâcon a pu effectuer ce prestigieux voyage qu'il n'osait envisager.

Sa célébrité est devenue nationale. Un éditeur a même diffusé une carte postale le montrant dans son épicerie, tel qu'il était apparu dans *Le Petit Rapporteur*, avec son béret, ses guêtres, son sonotone et son costume trois pièces, qu'il avait acheté en 1936, mais qu'il n'avait mis que sept ou huit fois... « Il est trop petit maintenant, parce que j'ai grossi, m'avait-il raconté, alors il y a une dame, à côté, qui m'a arrangé le pantalon, le gilet aussi, ça va, mais le paletot, je peux le mettre que l'été ! »

Quel phénomène ! Avant de partir pour son dernier voyage, il a rédigé un testament par lequel il léguait tous ses biens au bureau de bienfaisance de la ville de Mâcon. En reconnaissance, et pour perpétuer sa mémoire, la municipalité a fait peindre sur un mur de la place Saint-Clément une fresque qui représente « le père Liochon » entouré du Concorde, du paquebot *France* et des autres moyens de transport qui lui ont permis d'assouvir sa passion.

Des lunettes roses

Un portrait était réussi, à mes yeux, lorsque, sur les cinq minutes (en moyenne) que durait ma séquence, j'étais parvenu à provoquer, tour à tour, un ou deux moments d'émotion et quelques rires ou sourires. C'est ce mélange des genres qui donnait au reportage sa touche d'humanité. Mais les rires ou les sourires ne devaient pas être moqueurs. Je crois que jamais je n'ai ridiculisé l'un de mes personnages. Je m'efforçais, au contraire, de les montrer sous leur meilleur jour, pour susciter à leur égard un élan de sympathie ou de tendresse. À tel point qu'on me reprochait, parfois, de porter des lunettes roses... c'est-à-dire de brosser un tableau trop idyllique de la campagne et des gens.

J'assume ce parti pris. Il y a toujours des choix à opérer quand on fait profession de filmer la réalité. J'ai choisi, quant à moi, « le parti du bonheur », comme disait Jacques Martin dans la préface qu'il a bien voulu m'offrir pour mon livre *Le bonheur est dans le pré*. Voici ce qu'il m'écrivait, en empruntant le style des auteurs du XVIIIᵉ siècle :

« Laissez-moi vous mettre en garde contre les risques que vous avez pris en prenant le parti du bonheur. C'est là un état présentement mal en cour dans le royaume des lettres où vous n'ignorez pas que la mode est tout entière à l'amertume et au désenchantement...

Ah ! Je redoute pour vous les rires en trille des petits marquis de la critique. Il n'importe, je connais votre sincérité et l'élan de votre cœur qui vous ont déterminé à nous présenter ces héros de village, souvent montrés du doigt par leurs proches voisins comme étant des êtres singuliers parce qu'ils n'hésitent pas à avouer qu'ils ont découvert le bonheur.

Vous avez pris le parti de passer outre à la sotte phrase d'André Gide qui dit qu'on ne fait pas de bonne littérature avec de bons sentiments. Je n'attendais pas autre chose de vous dont les personnages semblent sortir tout droit d'un roman de Marcel Aymé. »

Merci, Jacques !

13

Et après ?

Commencée le 19 janvier 1975, la belle aventure du *Petit Rapporteur* s'est achevée dix-huit mois plus tard, le dimanche 27 juin 1976.

J'essaie de me souvenir de l'état d'esprit dans lequel nous étions ce jour-là. Tristes ? Non. Soulagés plutôt. Depuis quelques semaines, nous sentions que l'émission peinait à garder son niveau. Les reportages étaient moins forts. La fatigue se faisait sentir. Sur le plateau, l'ambiance n'était plus la même. Le départ de Desproges avait créé une première fissure mais d'autres tensions se manifestaient, à l'intérieur de l'équipe. Jacques Martin avait de plus en plus de mal à sauver les apparences, à coups de *Mam'zelle Angèle* et de *Pêche aux moules* chantés en chœur. Il était temps de se séparer.

Certains se sont imaginé et ont même laissé entendre que l'émission était la victime de pressions politiques. C'est faux. Selon le journal *L'Aurore*, quand on parlait au président Jean Cazeneuve du *Petit Rapporteur*, il s'écriait : « Hou là là ! », ce qui pouvait se traduire par

« cette émission me donne bien du souci, mais je préfère ne pas en parler »... Et il est vrai que, chaque lundi matin, en arrivant à son bureau, il savait qu'il allait recevoir deux ou trois coups de fil désagréables, d'un ministre ou d'une personnalité quelconque se plaignant de la manière dont elle avait été traitée par *Le Petit Rapporteur*. Mais il en avait pris l'habitude. C'était le prix à payer pour garder une émission qui assurait à la chaîne des audiences faramineuses.

Nous ignorions, d'ailleurs, à ce moment-là, qu'il s'agissait d'un arrêt définitif. Jacques avait demandé une interruption de six mois pour pouvoir réaliser un film que lui proposait le producteur Carlo Ponti, le mari de Sophia Loren. Un film qui devait s'intituler *La Charrette* et dont Jacques serait à la fois le scénariste, le dialoguiste, le metteur en scène et l'interprète. Mais il était convenu avec la direction de TF1 que l'émission reprendrait en janvier 1977.

La dernière

En ce dimanche 27 juin, nous nous sommes donc retrouvés au studio 101 – et non 120 (sans vin), comme se plaisait à le préciser Collaro ! – de la Maison de la Radio, avec la mine réjouie de collégiens qui s'apprêtent à partir en vacances. Jacques avait préparé une dernière surprise, pour la présentation de l'équipe. Il nous a fait entrer entre deux haies de Gardes républicains en grande tenue, sabre au clair – tout comme le président de l'Assemblée nationale lors de la rentrée parlementaire – précédés par deux tambours de la Garde. En toute simplicité...

Notre table était décorée de mousseline blanche. En effet, a annoncé Jacques, « pour que tout se termine comme dans les contes de fées, Stéphane Collaro a pris femme, vendredi dernier ». Mais là, ce n'était pas une galéjade. Stéphane s'était vraiment marié, deux jours avant, en présence de Jacques, son témoin. Tandis qu'on entendait les cloches sonner à toute volée, je suis allé accueillir Patricia, sa nouvelle épouse, pour la faire asseoir au milieu de nous et chaque journaliste a offert à Stéphane, en guise de cadeau de mariage, une bouteille de vin rouge enrubannée. Le gag était éculé, mais il a encore fait rire.

On était en pleine canicule. La chaleur et la sécheresse, drame national, ont d'ailleurs fait partie des sujets évoqués par Piem dans sa « Petite Semaine ». Ceci explique peut-être que personne n'ait eu le courage de tourner un reportage, pour ce 64ᵉ et dernier numéro, à l'exception de Daniel Prévost. Mais il s'était simplement fait filmer allongé sur un banc public, accablé par la chaleur... et il nous avait montré des aubergines distribuant les contraventions en maillot de bain. Pour le reste, selon la vieille recette du best-of, chacun de nous avait ressorti du placard son meilleur reportage de la saison.

« C'était le bon temps ! »

Au final, autour du gâteau de mariage de Stéphane et Patricia, Jacques a partagé entre nous les trophées que l'émission avait reçus : le Sept d'argent de *Télé 7 Jours*, la Victoire de *Télé-Magazine*, le Kangourou d'or de *Télé-Poche* (que j'ai gardé), le Pied d'argent du journal *Les Pieds Nickelés*, qui est revenu à Collaro...

Et puis, après que toute la troupe, alignée comme au théâtre, a salué le public, le panneau de fin est apparu : « À janvier 1977, peut-être ! »

Le transfert du siècle

Le fameux « peut-être » qui, depuis dix-huit mois, chaque dimanche, laissait planer le doute sur l'avenir de l'émission, allait enfin trouver sa justification.

Jacques, je l'ai dit, s'était engagé à tourner un film pour Carlo Ponti, au cours de la période d'interruption. *Télé 7 Jours* en avait même révélé l'argument : un nouveau patron arrive dans un journal, licencie des journalistes et les oblige à effectuer leur temps de préavis... Jacques se voyait déjà dans le rôle du patron (bien sûr !) et Danièle Évenou, sa compagne, devait être l'une des journalistes.

« Pour travailler en paix, précisait le magazine, Jacques Martin cherche une maison en Haute-Provence. »

Il a trouvé la maison mais le film n'a jamais vu le jour. Que s'était-il passé ?

Danièle s'en souvient. Un soir, Chez Castel, avec son charme et sa force de persuasion exceptionnelle, Jacques avait « vendu » l'idée du film à Carlo Ponti qui, enthousiasmé, les avait invités tous les deux à Rome, dans la superbe propriété qu'il partageait avec Sophia Loren, pour préparer la signature du contrat. Et puis, de retour à Paris, comme il avait au moins une idée par jour, Jacques était vite passé à autre chose. Il n'a jamais terminé l'écriture du scénario et Carlo Ponti, lassé, a mis fin au projet.

De la même façon, on ne compte plus le nombre de contrats qu'il a passés avec des éditeurs pour des livres dont il n'a jamais écrit la première ligne. Il était sincère quand il prenait ce genre d'engagement, mais il n'était pas dans sa nature (très paresseuse) de s'enfermer pendant des mois pour rédiger un livre ou travailler sur un scénario.

« Jacques ne travaillait que dans l'urgence, raconte Danièle. À l'époque du *Petit Rapporteur*, il donnait en outre, toutes les semaines, une chronique à *France-Soir*. J'avais beau lui dire : "Jacques, il faut que tu écrives ton papier", il ne s'installait à son bureau qu'une heure avant l'arrivée du coursier qui devait prendre la copie. » Mais il avait une telle faculté d'improvisation qu'il s'en sortait avec les honneurs.

C'était cela qui le rendait unique, incomparable : son talent d'improvisateur. Et c'est à la télévision qu'il pouvait le mieux l'exploiter.

Or justement, en cet été 1976, toujours Chez Castel, où il passait la plupart de ses soirées parisiennes, Jacques a rencontré Marcel Jullian, le président d'Antenne 2, qui lui a fait une proposition séduisante : vous venez faire *Le Petit Rapporteur* chez moi, en janvier prochain, et en prime, je mets un théâtre à votre disposition pour diriger et coordonner toutes les émissions du dimanche après-midi, de 12 heures à 22 heures. Vous aurez carte blanche pour créer les programmes et composer l'équipe de votre choix.

Avoir un théâtre, c'était un rêve pour Jacques, qui s'est toujours considéré avant tout comme un comédien. (« Je suis un comédien qui a rencontré la télévision », disait-il.) C'était une façon de se rapprocher de son modèle, Molière, qu'il avait joué dans des festivals d'été et qu'il vénérait. Il lui arrivait même, à certains moments, de s'identifier à lui... Danièle Évenou m'a cité cette phrase étonnante qu'il a prononcée lors de leur séparation, en 1979 : « Tu quittes Molière ! » Et c'est en hommage à Jean-Baptiste Poquelin qu'il avait donné le prénom de Jean-Baptiste à l'un de leurs fils.

À défaut du Palais-Royal, qui abritait l'auteur du *Misanthrope*, Marcel Jullian lui offrait l'Empire. Quel merveilleux cadeau ! Jacques n'a pas résisté à la tentation, même si la perspective de prendre en charge tous les programmes de l'après-midi l'effrayait un peu.

Le montant du cachet a dû contribuer aussi à le décider : un million deux cent mille francs pour l'année, le plus gros contrat jamais signé à un producteur à la télévision française ! « C'est le transfert du siècle », écrit *Télé 7 Jours*. La direction de TF1 a bien essayé de le retenir mais, selon le président Cazeneuve, elle ne pouvait pas s'aligner : « Nous n'avons pas les moyens de payer Martin cent mille francs par mois ! » s'est-il lamenté...

Par le petit bout de la lorgnette

Voilà comment Jacques s'est trouvé à la tête du théâtre de l'Empire et des dimanches d'Antenne 2. Seul maître à bord, après Dieu et sa messe télévisée. Le coproducteur du *Petit Rapporteur*, en effet, Bernard Lion n'a pas voulu trahir, m'a-t-il dit, « la chaîne qui avait eu l'audace d'accueillir l'émission en 1975 et qui l'avait toujours défendue ». Il a refusé de suivre Jacques. Et TF1 a aussitôt engagé une demande en référé pour interdire l'utilisation du titre. C'est pourquoi le « magazine de l'actualité souriante » qui a fait son retour le 23 janvier 1977 sur A2 a changé de nom et s'est appelé *La Lorgnette*.

Pour constituer l'équipe, Jacques a fait appel aux anciens, mais Daniel Prévost avait des engagements au théâtre et au cinéma. Il n'avait plus très envie, de toute façon, de se plier à nouveau à une discipline de groupe. De mon côté, à la demande de Jean-Louis Guillaud, j'animais depuis la rentrée de septembre les samedis après-midi de TF1, en compagnie de Denise Fabre. Que faire ?

J'avoue que je n'ai pas hésité longtemps. Je ne me sentais pas à l'aise dans cette gentille émission de divertisse-

221

ment, intitulée *Restez donc avec nous... le samedi*. Je l'ai quittée sans regret pour rejoindre Jacques, en même temps que Piem et Stéphane Collaro. Jean-Louis Guillaud, en revanche, ne me l'a pas pardonné.

Le générique de *La Lorgnette* est encore dans les mémoires :

Par le petit bout, par le petit bout,
par le petit bout de la Lorgnette,
On y voit bien mieux, on y voit bien mieux
que par le gros bout !

L'émission, pourtant, n'a pas laissé un souvenir aussi légendaire que *Le Petit Rapporteur*. Le principe était le même, mais les deux nouveaux compères recrutés par Jacques, Alain Scoff et Gérard Pabiot, n'ont pas réussi à faire oublier Desproges et Prévost. D'autre part, accaparé par les tâches de gestion et de coordination de l'après-midi, Jacques était moins disponible. Il consacrait moins de temps à l'élaboration de l'émission.

Ses nouvelles responsabilités ne lui permettaient plus, en outre, de tout gérer de chez lui, comme au temps du *Petit Rapporteur*. Il lui a fallu s'installer à L'Empire. Nos conférences de rédaction ont perdu, du même coup, ce caractère familial, décontracté, qui influait, sans aucun doute, sur l'esprit de l'équipe. Finis les dîners que Danièle organisait rue Berlioz, de temps à autre, où l'on se régalait du saucisson chaud à la pistache que Jacques faisait venir de chez Chorlier à Lyon... On était passé à une autre forme de management.

L'esprit satirique est devenu moins apparent. « Collaro a pris une trop grande place, accuse Piem, et sa forme d'humour l'a emporté peu à peu. On a commencé à truquer des interviews pour faire drôle à tout prix. »

Ce qui est certain, c'est que nous nous sommes moins amusés. Les gamineries qui avaient fait la popularité du *Petit Rapporteur*, ces « bêtises » qui consistaient à chanter en chœur *La Pêche aux moules* ou *Mam'zelle Angèle*, ont disparu. Le cœur n'y était plus. Et le public l'a ressenti.

Les millions de téléspectateurs que Jacques devait amener à la deuxième chaîne se sont partiellement dispersés. D'autant que les patrons de TF1, dépités, dans l'intention de contrer *La Lorgnette*, avaient installé à la même heure une autre émission humoristique intitulée *C'est pas sérieux*. Dirigée par Catherine Anglade, animée par Jean Amadou et Jean Bertho, elle réunissait des chansonniers et des comédiens aguerris : Anne-Marie Carrière, Maurice Horgues, Christine Fabréga, Ginette Garcin, Guy Piérauld. En quelques mois, notre audience est tombée à 23 %, alors que celle du *Petit Rapporteur*, à sa grande époque, dépassait les 50 %.

Un critique avait écrit, en 1975, que *Le Petit Rapporteur*, par la nouveauté de son style, avait « mis à la retraite les chansonniers ». Les retraités se portaient encore bien, apparemment, puisqu'ils arrivaient, certains dimanches, à faire un meilleur score que *La Lorgnette*.

La disgrâce

Le vent tournait... La presse, qui avait accueilli avec enthousiasme *Le Petit Rapporteur*, s'est mise à faire la fine bouche. Dans *Le Figaro* du 7 novembre 1977, Maurice Chapelan tombe à bras raccourcis sur *La Lorgnette* du même Jacques Martin :

« Comme son animateur, *La Lorgnette* a pris de la bouteille. Sur M. Jacques Martin, cela se voit au ventre et aux joues. Sur le plateau, à l'épaisseur envahissante de la vulgarité... Ce fut dimanche, d'un bout de *La Lorgnette* à l'autre, une avalanche de plaisanteries faciles, de sketches laborieux, d'éclatements de satisfaction de soi qui n'ont amusé personne... »

Deux mois plus tard, il revient à la charge : « M. Jacques Martin, prétentieusement impavide, continue de saupoudrer l'honnête travail de ses collaborateurs de propos intempestifs... »

Dans un style assez voisin, *Le Canard enchaîné*, sous la signature d'Yvan Audouard, ne nous ménage pas davantage :

« Jacques Martin ressemble de plus en plus à Ubu et fait son poids d'ordures ménagères. Pierre Bonte ne va pas tarder à devenir son premier ministre. Ses grandes oreilles, son gros orteil et son crâne d'œuf ont ravi la vedette au tarin de Collaro qui a longtemps fait rêver dans les chaumières. On dirait qu'en ce moment il renaude. Il faut toujours se méfier des dauphins. Ils sont moins bêtes qu'ils n'en ont l'air.

Avec Pierre Bonte, du moins, Martin n'a aucun souci à se faire. Infatigable découvreur de débiles mentaux, Pierrot se fait une certaine idée de la France qui vous donne envie de vous expatrier. Au nom de l'humour et de la poésie. Moyennant quoi, il accepte de devenir le clown blanc de cet Auguste d'après-midi. »

Ces jugements étaient évidemment excessifs et injustes (me semble-t-il !). Ils étaient le signe, toutefois, d'un désenchantement certain.

Le départ fracassant de Piem, à la fin de l'année 1977, pour « incompatibilité d'humeur » avec Jacques, a hâté la fin de *La Lorgnette*, qui s'est interrompue à son tour dans le courant de l'année 1978.

Un formidable tremplin

Chacun de nous est alors revenu à son occupation principale : la presse écrite pour Piem, la radio en ce qui me concerne. Quant à Stéphane, après avoir secondé Jacques, un certain temps, dans la présentation de ses nouvelles émissions du dimanche, il s'est lancé à son tour dans la production, en créant le *Collaroshow* en 1979, puis *Cocoboy* (avec les ravissantes *cocogirls*), le *Bébette Show*, *Cocoricocoboy*, *Collaricocoshow*. Au total, plus de quinze ans de succès... et un arrêt brutal en 1995. Du jour au lendemain, sans explication, toutes les portes de la télévision se sont alors refermées devant lui. Mais il reconnaît tout ce qu'il doit à Jacques Martin, qui l'a révélé et dont il est resté jusqu'au bout un fidèle ami.

Pour Pierre Desproges et Daniel Prévost, *Le Petit Rapporteur* a été également un tremplin fantastique, même si Desproges a traversé une période incertaine avant d'entrer en 1980 dans l'équipe des *Flagrants Délires*, sur France Inter, puis d'entamer la carrière en solo que l'on connaît. Et même si l'un et l'autre ont eu parfois quelque peine à admettre leur dette envers Jacques Martin. « *Le Petit Rapporteur* a été pour moi une marche parmi d'autres, dit aujourd'hui Daniel Prévost. Sans plus. Jamais je n'ai pensé qu'on porterait à ce point l'émission au pinacle. » Il s'en étonne encore.

Personnellement, mon parcours professionnel n'a pas été bouleversé par l'émission. J'ai simplement poursuivi, sous d'autres formes, mon métier de journaliste et mon exploration du monde rural, auquel je suis très attaché. Le seul changement, c'est qu'on me reconnaissait dans la rue... Mais je suis conscient de la chance que j'ai eue de faire partie de cette bande extraordinaire, devenue mythique. Les dix-huit mois que j'ai passés en leur joyeuse compagnie restent les meilleurs que la vie m'ait offerts.

Nos rapports, on l'a compris, n'étaient peut-être pas aussi chaleureux que le téléspectateur pouvait l'imaginer en nous regardant. Pour les définir, je parlerais plutôt de camaraderie que d'amitié. Mais, malgré nos différences et nos différends, comme dans une bonne équipe de rugby, nous avons toujours donné la priorité au jeu collectif, sous la houlette d'un capitaine de légende qui nous a permis de révéler le meilleur de nous-mêmes.

Tous ceux qui ont travaillé avec nous sur l'émission, monteurs, assistants, scripts, en gardent eux aussi un souvenir exceptionnel. « Il n'y avait pas de stars, explique Jean-Luc Prévost, l'un des monteurs [devenu réalisateur]. On se sentait tous sur un pied d'égalité. Le vendredi soir, à la fin du montage, on allait manger ensemble chez Yvette, le bistrot des Buttes-Chaumont. On faisait une grande tablée, on riait ensemble, et le dimanche, on venait souvent assister à l'émission avec femme et enfants, pour le plaisir. On avait l'impression de faire partie d'une grande famille. » Autre temps...

« Je suis dans un ghetto »

Jacques, quant à lui, en signant avec Antenne 2, ne se doutait pas qu'il s'engageait dans une aventure qui allait durer plus de vingt ans ! Lui qui rêvait d'être à la fois Caruso, Molière et Guitry ne savait pas qu'en acceptant le pactole offert par la chaîne, il allait être amené à renoncer à toutes ses autres ambitions artistiques.

Il en a pris conscience peu à peu, mais trop tard. À son ami Paul Ceuzin, il disait parfois :

« Je suis dans un ghetto !

– Non, lui répondait Ceuzin, dans une citadelle. »
Disons que c'était une prison dorée.

En produisant lui-même les dimanches après-midi, il a
gagné beaucoup d'argent – et il a fini par y prendre goût,
au fil des ans –, mais il se méprisait de n'être plus qu'un
animateur d'émissions populaires. Le meilleur, le plus
aimé du public, mais dans un art qu'il jugeait mineur.

Il s'est progressivement désintéressé de son travail.
Les dernières années, il n'arrivait plus à l'Empire qu'une
demi-heure avant l'enregistrement du vendredi. Ses
collaborateurs avaient assuré la direction des répéti-
tions, ils avaient préparé ses fiches. Il ne lui restait plus
qu'à « faire la balance » avec les musiciens, pour son
incontournable chanson, avant l'ouverture du rideau
qui allait lui redonner le plaisir d'être sur scène, face à
son public.

Il découvrait l'émission tout en la faisant, raconte
Paul Ceuzin. Si bien qu'un jour, en lisant sur sa fiche le
nom de Victor Lazlo, il a annoncé, avec son lyrisme
habituel : « Voici maintenant un chanteur magnifi-
que... » Et quand il s'est retourné, il a vu une chanteuse
entrer sur scène. L'émission étant enregistrée, heureusement, il a pu recommencer la séquence.

Ce qu'il a gardé jusqu'au bout, c'est la fierté et la joie
d'être dans « son » théâtre, de voir son nom et sa photo,
gigantesques, s'étaler sur la prestigieuse façade de l'avenue de Wagram afin que nul n'ignore qu'il était là
« chez lui ». « Mon studio, c'est un théâtre », aimait-il à
répéter. Et quand il disait aux artistes, en dessinant un

large geste de la main : « Vous êtes ici chez vous ! » on sentait vibrer l'orgueil du propriétaire qui accueille ses hôtes...

Mais je suis sûr que dans son superbe Empire, qui pouvait accueillir quinze cents spectateurs, les souvenirs du *Petit Rapporteur* ont dû souvent venir l'attendrir : le petit studio 101, avec son public d'amis et de familiers, *La Pêche aux moules*, et toutes ces autres gaudrioles qui soudaient notre camaraderie. « C'était le bon temps ! »... Je l'entends encore me dire ces derniers mots, peu avant sa disparition. Un temps où l'audimat n'existait pas, où les grandes audiences n'étaient pas dues à des études de marketing mais à la folie des saltimbanques, où il pouvait faire la télé qu'il aimait, sans courir après les parts de marché... Le temps où il était libre et où il donnait à la télévision le sentiment de l'être.

14

Les enfants du *Petit Rapporteur*

Avec *Le Petit Rapporteur*, Jacques Martin a fait entrer l'impertinence et l'insolence à la télévision. « Il a ouvert la voie à un genre perpétué hier par les Nuls, aujourd'hui par les *Guignols de l'Info*, sur Canal+ », a écrit *Le Journal du Dimanche*. Mais il a influencé bien d'autres humoristes, qui étaient encore des adolescents en 1975. C'est la génération des enfants du *Petit Rapporteur*. Comment assument-ils cette filiation ?

Laurent Ruquier

Laurent Ruquier avait douze ans quand il regardait *Le Petit Rapporteur* au Havre, dans la salle à manger familiale. « J'étais un fan de l'émission, m'a-t-il confié. Je chantais *Mam'zelle Angèle* et *Rapetipeta* avec vous et j'applaudissais, comme à Guignol, quand les politiques étaient pris à partie. Il y a des noms qui me reviennent :

Couve de Murville, Ponia... Je me suis nourri, c'est certain, de cette insolence et de cet esprit satirique. »

Il est aujourd'hui l'héritier le plus direct du *Petit Rapporteur*, dans sa manière de travailler avec une bande de chroniqueurs dont il s'attache à faire ressortir la personnalité.

« À la télé, Martin a été l'inventeur de la bande, reconnaît-il. Je n'ai pas gardé en mémoire telle ou telle séquence particulière de l'émission, mais ce qui m'a marqué, c'est votre esprit d'équipe, cette bonne humeur que vous nous faisiez partager. Et c'est ce que j'ai essayé de recréer quand j'ai fait à mon tour de la télévision.

Mais les temps ont changé. Jacques Martin ne se serait jamais autorisé toutes ses audaces s'il avait été soumis à la loi de l'audimat. Il a été obligé de devenir beaucoup plus consensuel, plus tard, quand sont arrivées les mesures d'audience. »

Dominique Farrugia

« Le déjeuner du dimanche, dans ma famille, c'était sacré, mais moi, à quatorze ans, je trouvais ça chiant. Il y avait plein de monde, ce jour-là, qui s'entassait dans nos 35 m² et j'en avais marre du gigot-flageolets bourré d'ail que ma mère nous servait à chaque fois. Elle nous forçait à en reprendre, en plus, parce qu'elle avait toujours peur qu'on n'ait pas assez mangé ! Heureusement, il y avait *Le Petit Rapporteur*! C'était mon évasion. Je montais le son de la télé pour couvrir le bruit des conversations, mais du coup, les gens parlaient encore plus fort...

– Est-ce qu'il y a des images qui vous ont marqué ?

– Je me souviens de Martin qui avait mis une paire de lunettes et un nœud papillon sur un balai-brosse pour représenter Fourcade, le ministre des Finances. Ça me paraissait vachement culotté. Je revois aussi Collaro sur un side-car qui amenait à l'Élysée le petit Algérien que la France avait échangé, au pair, avec Giscard. C'était d'une force incroyable, et en même temps d'une bonhomie extraordinaire.

– *Le Petit Rapporteur* a-t-il eu une influence sur votre parcours ?

– C'est vous qui m'avez donné envie d'exercer ce métier. En vous regardant, je me disais : "Je veux faire ça !" Et si on a pu faire le *JTN* en 1988, c'est parce que, quinze ans plus tôt, vous aviez fait *Le Petit Rapporteur*.

– Voyez-vous une parenté entre les deux émissions ?

– *Le Journal des Nuls* était très différent. C'était une séquence quotidienne de cinq ou six minutes qui était entièrement écrite. Elle ne laissait aucune place à l'improvisation. Nous abordions beaucoup moins les sujets politiques. Et puis nous avions la chance d'être sur une chaîne privée, avec des patrons qui nous laissaient faire ce qu'on voulait. Alors que *Le Petit Rapporteur* était diffusé sur une télévision d'État, dont les patrons risquaient de se faire virer à cause de vous. Je

233

trouve qu'à l'époque Martin avait une paire de couilles assez énorme !

Ce qui est commun aux deux émissions, en dehors de la forme qui était celle d'un journal, c'est la liberté du ton, l'envie de repousser toujours un peu plus les limites du politiquement correct. »

Jules-Édouard Moustic

Le rédacteur en chef de *7 Jours au Groland* garde un « souvenir ému » du *Petit Rapporteur*.

« Pour moi, c'était un rendez-vous. Il n'y a pas beaucoup d'émissions qui vous donnent ce sentiment-là. J'avais rendez-vous avec une équipe de potes qui faisaient partie de ma famille. Chacun avait son préféré : pour papa, c'était Untel, pour maman, c'était un autre, le fils, encore un autre... C'était ça, la force du *Petit Rapporteur* : vous formiez une équipe, avec des gens de caractères très différents. Tout le monde en avait pour son argent. On n'a jamais retrouvé cela.

Aujourd'hui, les gens du marketing viendraient mettre leur nez là-dedans. Ils diraient : il faut mettre un peu plus de Desproges ou un peu moins de Collaro. On essaierait de vous formater. Alors qu'il soufflait sur votre émission un vent de liberté extraordinaire. Liberté d'expression, déconnade, chaleur humaine... Vous nous apportiez une respiration.

Au *Groland,* il y a beaucoup de papys et de mamies, vous l'avez remarqué... Et on pense à vous quelquefois. À propos de l'un ou l'autre, on se dit, entre nous : "Tiens, on croirait un personnage de Pierre Bonte !" Je me souviens en particulier de ce vieux monsieur sourd qui racontait ses voyages. Vos reportages m'ont fait découvrir tout un petit peuple attachant.

— Que faisiez-vous à l'époque du *Petit Rapporteur* ?

— Je rêvais de faire votre métier. Et j'ai eu la chance de vivre une aventure comparable à celle du *Petit Rapporteur* en participant à la création de Canal+. On bénéficiait comme vous d'une liberté totale, on pouvait tout oser et on se foutait de tout parce qu'on n'avait rien à perdre. Mais ça ne dure qu'un temps, cet état de grâce. *Le Petit Rapporteur* a laissé un grand souvenir parce qu'il n'a duré que dix-huit mois. »

Bruno Gaccio (« Les Guignols de l'Info »)

Comme *Le Petit Rapporteur, Les Guignols de l'Info* ont adopté, eux aussi, la forme du journal télévisé parce que, selon Bruno Gaccio, c'est la plus efficace :

« On s'appuie sur une structure réputée sérieuse pour la détourner et créer un décalage. Mais je ne peux pas dire que l'émission de Martin m'ait inspiré directement. C'est plutôt au sens large que j'ai été influencé.

À l'époque, j'avais seize ans et je voulais faire du théâtre. Surtout pas de la télé ! *Le Petit Rapporteur* m'a fait découvrir qu'on pouvait quand même faire des choses bien à la télé puisque c'était possible de faire ça... J'aurais aimé être avec vous. Plus tard je l'ai dit, d'ailleurs, à Jacques Martin : "Vous m'avez donné envie de faire de la télé... et vous m'avez aussi donné l'envie d'arrêter."

Martin était un vrai rédacteur en chef, un chef de bande qui prenait des risques et qui vous laissait faire. Comme Averty avec ses *Raisins verts*, il a fait souffler un vent d'air frais sur la télé. C'était comme si on nous enlevait des chaussures trop petites. On n'était pas bien dedans mais on ne savait pas pourquoi. On marchait quand même. Et puis brusquement, on vous les enlève et ça va mieux... *Le Petit Rapporteur* m'a fait le même effet. Un sentiment de libération et de soulagement. Il m'a éveillé à des choses. Il m'a donné l'envie de travailler en équipe, dans le même esprit et avec la même liberté. »

Karl Zéro

« À quatorze ans, j'avais déjà l'esprit rebelle. Je ne voulais plus accompagner mes parents à la messe, le dimanche, et comme ils n'aimaient pas *Le Petit Rapporteur*, je regardais l'émission tout seul dans mon coin.

Elle faisait partie d'une contre-culture qui m'attirait. Au fond, on n'avait que deux échappatoires, à l'époque : le rock and roll et *Le Petit Rapporteur*...

C'était une émission soupape, où des journalistes se permettaient de dire tout haut ce qui se disait tout bas. Sous la franche rigolade, Martin visait juste et pouvait faire mal.

J'admirais la façon dont il gérait l'émission et dirigeait les journalistes. C'était Jésus et ses disciples. Il a fait partie de mes modèles, avec Coluche et Mourousi... le Mourousi qui interviewait le président de la République en s'asseyant sur le coin de la table...

Vingt ans plus tard, en 1996, quand j'ai proposé à Canal+ l'idée du *Vrai Journal*, j'ai évidemment pensé au *Petit Rapporteur*. J'ai essayé de recréer l'esprit de l'émission, mais en pratiquant davantage un journalisme d'investigation, et en mélangeant les reportages, les sketches et les interviews.

J'étais content d'avoir à peu près le même horaire : le dimanche entre 12 h 40 et 13 h 30, le moment du déjeuner familial ou du brunch des couche-tard...

Le Petit Rapporteur a ouvert des portes. *Nulle part ailleurs*, comme *Le Vrai Journal*, n'auraient peut-être pas existé sans lui. »

Raphaël Mezrahi

Deux séquences ont incontestablement marqué le jeune Raphaël Mezrahi quand il regardait, à Troyes, en famille, *Le Petit Rapporteur* : l'interview de Françoise Sagan par Desproges et « La Brosse à reluire » de Maurice Druon. C'est ce que tout le monde a pensé quand il a créé, en 1992, le personnage d'Hugues Delatte, le journaliste maladroit qui met à l'épreuve la patience de ses interlocuteurs.

« Certains, comme Antoine de Caunes, vous ont alors accusé de plagiat...

– Je n'ai pas copié une interview, se défend-il. J'ai été influencé, d'une manière beaucoup plus large, par l'esprit du *Petit Rapporteur*, celui de Desproges bien sûr, mais aussi de Daniel Prévost, dont je me sentais d'ailleurs plus proche. J'adorais son côté un peu "barré". Mais j'ai eu d'autres modèles : Jean Carmet, Darry Cowl, Harpo Marx aussi. Hugues Delatte, c'est un mélange de tout ça. »

L'expérience du *Petit Rapporteur* lui a été utile en tout cas. Il s'est souvenu qu'après la diffusion de son interview de Sagan, Desproges n'avait plus réussi à piéger d'autres écrivains, pas davantage que Lassus après « La Brosse à reluire » de Maurice Druon. Il a donc enregistré patiemment cent trente-six interviews avant de mettre la première à l'antenne et de s'y montrer par la même occasion. C'était un pari risqué, mais il l'a brillamment gagné.

« Quelle image gardez-vous aujourd'hui de l'émission ?

– Celle d'une équipe extraordinaire, comme on n'en a jamais plus revu à la télévision, avec des personnalités toutes différentes. J'avais l'impression que vous aviez été sélectionnés comme l'équipe de France de football, en mettant le meilleur à chaque poste. »

Laurent Baffie

« J'avais dix-sept ans et j'attendais le dimanche avec impatience pour regarder *Le Petit Rapporteur*. Avec Coluche, c'était ce qu'il y avait de plus drôle à l'époque. Je savais confusément que c'était un moment important, que ça resterait dans le temps. C'était tellement novateur, tellement provocant et tellement jouissif ! Je sentais que ça faisait du bien à tout le monde.

L'image qui me reste, c'est celle du tour de table, au début de l'émission, où Martin vous présentait l'un après l'autre. On était content de vous retrouver et on se disait : qu'est-ce qu'ils ont encore fait cette semaine ? On savait que toute la France allait en parler le lendemain. C'était le sujet de conversation dans les cours de récréation, au bureau : "T'as vu ce qu'ils ont fait hier ?" J'en attendais tellement que j'avais une grosse déception quand l'émission n'était pas à la hauteur. Ça me pourrissait la journée.

Le Petit Rapporteur, pour moi, c'était un truc de résistance. Martin était un rebelle. J'aimais son côté frondeur. Il ne faut pas faire ça ? Eh bien, on va le faire, allons-y ! On sortait le litron...

Le Petit Rapporteur fait partie des choses qui m'ont nourri. Quand j'interviewe Raymond Barre en le tutoyant et en lui demandant si ça lui sert, pour draguer, d'être député..., je ne l'aurais peut-être pas fait si, bien avant moi, il n'y avait pas eu Daniel Prévost et ses interviews de députés sur *La Pêche aux moules*.

J'admirais le culot énorme de Desproges et Prévost. Mais j'ai été très marqué aussi par les personnages que vous présentiez et que vous alliez pêcher au fond des campagnes. Ce qui était très fort, c'est qu'il n'y avait pas de moquerie. Vous mettiez en relief le côté drolatique de la personne mais sans méchanceté.

– Est-ce que les Nuls, selon vous, s'inscrivent dans la continuité du *Petit Rapporteur* ?

– Non. Les Nuls ont joué davantage sur la grossièreté assumée. Vous n'auriez pas pu le faire, à l'époque. Le public ne l'aurait pas accepté. Mais je pense qu'on est tous des enfants du *Petit Rapporteur*, comme on est tous des enfants de Coluche.

– Vous avez travaillé, vous aussi, avec Jacques Martin...

– Il m'avait demandé de participer à *Ainsi font, font, font*, en 1989. Il voulait retrouver l'esprit du *Petit Rapporteur*, mais on en était loin. L'émission ne me faisait pas rire. J'étais très malheureux. Je n'ai fait que deux numéros. On sentait que Martin, à cette période-là, faisait de la télé pour payer ses pensions alimentaires.

J'avais été frappé par sa courtoisie. Quand il m'a contacté, il m'a invité à déjeuner dans un grand restaurant. Il me disait : "Qu'est-ce qui vous ferait plaisir ?" Plus tard, j'ai eu la fierté d'être assis entre Jean Yanne et lui, aux *Grosses Têtes*.

Le Petit Rapporteur restera une émission-culte. »

Éric Naulleau

Devenu l'un des chroniqueurs de Laurent Ruquier dans *On n'est pas couchés*, Éric Naulleau se considère lui aussi comme un enfant du *Petit Rapporteur*.

« À treize ans, je n'avais pas encore la notion de premier et de deuxième degré, mais j'étais sensible à une forme d'insolence que j'ai gardée en moi. En riant des idoles, des gouvernants, on sentait que vous jouiez avec les limites de l'acceptable et qu'une brèche était en train de s'ouvrir. Jacques Martin est le père fondateur d'une forme d'humour que je revendique et même d'une attitude : il ne faut pas subir les choses ni les gens, il faut les aborder par la dérision… Il a changé la télé. Il y a un avant et un après *Le Petit Rapporteur*. »

Remerciements

Merci à tous ceux qui ont participé à l'aventure du *Petit Rapporteur* – ou qui l'ont accompagnée – et qui m'ont aidé à la faire revivre dans ce livre : Michel Clément, Stéphane Collaro, Jackie Coscas, Phlippe Couderc, Danièle Évenou, Bernard Lion, Jean-Pierre Manquillet, Piem, François Pradeau, Daniel Prévost, Jean-Luc Prévost, Karel Prokop, Bob Quibel.

P. B.

Crédits photographiques

L'éditeur s'est efforcé de trouver les détenteurs du copyright de toutes les photographies reproduites dans cet ouvrage. S'il se trouvait d'autres personnes estimant pouvoir faire valoir des droits sur certains documents, nous les prions de prendre contact avec l'éditeur.

Table

DU MÊME AUTEUR

AUX ÉDITIONS ALBIN MICHEL

Le bonheur était dans le pré, 2004 (Livre de Poche, 2006).

CHEZ D'AUTRES ÉDITEURS

Bonjour, Monsieur le Maire, tomes I, II et III, La Table Ronde, 1965, 1967, 1968.

Le bonheur est dans le pré, Stock, 1976.

Vive la vie, Stock, 1977.

Les Recettes des mon village, Éditions n° 1, en collaboration avec Valérie-Anne Létoile, 1981.

Histoires de mon village, Éditions n° 1, 1982.

Marianne, les visages de la République, en collaboration avec Maurice Agulhon, collection « Découvertes », Gallimard, 1992.

Marianne dans la cité, en collaboration avec Maurice Agulhon, Imprimerie nationale, 2001.

Bonjour la France, tomes I et II, Éditions CPE, 1999, 2000.

Je me souviens de la Bourgogne, en collaboration avec Marc Combier, Éditions Ouest-France, 2007.

DVD

C'est tout Bonte, LMLR, 2005.

Composition Nord Compo
Impression : Imprimerie Floch, août 2008
Éditions Albin Michel
22, rue Huyghens, 75014 Paris
www.albin-michel.fr

ISBN : 978-2-226-18683-6
N° d'édition : 25703 – N° d'impression : 71675
Dépôt légal : septembre 2008
Imprimé en France.